Siegfried Hetz

Erlebnis Salzburger Land
LUNGAU

Band 3

LUNGAU

VERLAG ANTON PUSTET

Impressum

Bibliografische Information der Deutschen Nationalbibliothek
Die Deutsche Nationalbibliothek verzeichnet diese Publikation in der Deutschen Nationalbibliografie; detaillierte bibliografische Daten sind im Internet über http://dnb.d-nb.de abrufbar.

Unter Mitarbeit von Christian Wieselmayer
Lektorat: Martina Schneider
Grafik: Tanja Kühnel
Satz: Andreas Aigner
Karten: Arge-Kartografie
Druck: Druckerei Theiss, St. Stefan im Lavanttal
Gedruckt in Österreich

ISBN 978-3-7025-0655-1

www.pustet.at

Bildnachweis

Cover: TVB Zederhaus, 9: TVB Lessach; 18, 19, 36, 37: Tourismusverband St. Michael im Lungau; 32, 45, 50, 51, 76: Christian Suschegg/www.wanderprofi.at; 61: Prodinger Grete; 95: Juliane Sampl; 110, 111, 122: www.oberkaernten.info; 124: TVB Ramingstein; 154: Bogensberger; 156, 157, 177: Salzburg AG; 163, 165: Balthasar Laireiter. Alle weiteren Fotos stammen aus dem Privatbesitz des Autors.

Inhaltsverzeichnis

Vorwort

Es ist das Eigenwillige, das den Lungau so einzigartig macht. Es beginnt mit der Lage südlich des Alpen-Hauptkamms, wofür sich umgangssprachlich das Bild „entan Tauern", auf der anderen, der südlichen Seite der Tauern, eingeprägt hat. Wäre es gewollt, könnte man selbstverständlich auch von einer Prägung sprechen, die sich aus dem Umstand ergibt, dass der Lungau lange Zeit vom übrigen Land und der Stadt Salzburg abgeschnitten war. Doch die Entfernung ist es nicht allein. Zur Lagebeschreibung „entan Tauern" ist eine zweite hinzuzufügen: „Umandum san ois Berg." Der Lungau präsentiert sich als Plateau, das auf einer Höhe von mehr als 1000 Metern liegt und ringsum von Bergen umgeben ist. Stellt man sich dieses Hochplateau als Handteller vor, wird es von den einzelnen Tälern strahlenförmig wie von Fingern eingerahmt. Dabei ist jedes dieser Täler wieder ein eigener Kosmos und vor allem ein charakteristisches Stück Lungau, das aber auch durch seine Nachbarn, von Kärnten im Süden und von der Steiermark im Osten, beeinflusst wurde und wird.

Mit dem Lungau verhält es sich ein wenig wie mit dem Frosch, der eigentlich ein Prinz sein könnte, dem Ganzen aber nicht so recht traut und es deshalb vorzieht, doch alles so zu belassen, wie es ist. Von der Sonne verwöhnt und mit einer Luftqualität „gesegnet", die Ihresgleichen sucht, ist die Region südlich der Niederen Tauern und nördlich der Nockberge sowie zwischen den Hohen Tauern im Westen und dem Preber im Osten eine Musterlandschaft zum Wandern und Radeln. Das Auge muss sich in diesen Gegenden gehörig anstrengen, um etwas Störendes zu finden. Deshalb wird der Lungau von den Insidern auch so sehr geliebt. Wer ihn bislang nicht kannte, kommt aus dem Staunen nicht heraus, und wer wiederkommt, stellt recht bald fest: Wenn es ihn nicht gäbe, müsste er erfunden und auch gleich bekannt gemacht werden, denn intensive Erlebnisse genießt man dann besonders, wenn die Eindrücke nicht nur mitgeteilt, sondern auch geteilt werden können.

Die 45 beschriebenen Touren, Ausflüge und Wanderungen sind als unterstützende Auswahl gedacht, um den Bezirk Tamsweg, wie der Lungau sich politisch nennt, mit seinen grandios-archaischen Tälern, funkelnden Bergseen, idyllischen Almen und kulturhistorischen Besonderheiten erstmalig zu entdecken, besser kennenzulernen oder mit neuen Augen zu sehen. Dafür wurde der kleinste – auf die Einwohnerzahl bezogen – unter den Salzburger Gauen in sechs Regionen eingeteilt: Radstädter Tauern, Schladminger Tauern, Tamsweg mit Preber und Umgebung, Nockberge, der Mur entlang und am Rande der Hohen Tauern. Für jede dieser Regionen sind Vorschläge zu Halbtagesausflügen und ganztägigen Wanderungen – ob zu Fuß oder mit dem Fahrrad – beschrieben. Ein Vorschlag ist als Zweitagestour mit Übernachtung auf einer Hütte angelegt.

Ergänzend findet sich am Ende des Wanderführers eine Beschreibung der durch den Lungau führenden großen Wander-, Pilger- und Radwege.

Worauf zu achten ist

Wer im Lungau wandert oder mit dem Fahrrad unterwegs ist, kommt fast immer mit den Bergen in Berührung. Und in den Bergen, muss man wissen, dass der Berg erst dann als bezwungen gilt, wenn man wohlbehalten wieder im Tal angekommen ist. Deshalb ist es besonders wichtig, sich Zeit und Energie entsprechend einzuteilen. Ratschläge und Warnungen Einheimischer, insbesondere der Hütten- und Almleute, sind keinesfalls Besserwisserei, sondern können unter Umständen sogar lebensrettend sein.

Wetterumschwünge kommen in den Bergen oft überraschend und schneller, als gedacht. Schuhe und Bekleidung müssen in jedem Fall bergtauglich sein; darüber hinaus ist auch für Regen, Schnee und Kälte vorzusorgen. Neben ausreichend Proviant sollte ein eingeschaltetes Mobiltelefon mitgeführt werden.

Wer mit Kindern wandert, trägt doppelte Verantwortung. Nichts darf dem Zufall überlassen werden, und auf neugierige Fragen sollte man vorbereitet sein. Schon deshalb lohnt es sich, über die Gegend und ihre Besonderheiten Bescheid zu wissen.

Bei Touren in einzelne Lungauer Täler ist zu berücksichtigen, dass die hintersten Parkplätze oft nur über Mautstraßen zu erreichen sind. Um den Schranken zu öffnen, sind entweder Münzen einzuwerfen oder der Schlüssel im entsprechenden Tourismusbüro zu organisieren. Der Lungauer Tälerbus verkehrt nur während der Schulferien. Neben den besonderen Vorschriften für den Nationalpark Hohe Tauern, den Naturpark Riedingtal und andere ausgewiesene Schutzgebiete gilt der generelle Schutz allen Tieren und Pflanzen. Die Pilzeschutzverordnung im Salzburger Naturschutzgesetz untersagt das Sammeln von mehr als zwei Kilogramm Pilzen pro Person und Tag sowie das Verwenden von mechanischen Hilfsmitteln.

Landschaft mit Zukunft

Den Lungau erleben und entdecken

Wer den Lungau entdecken will, muss wissen, dass die Gegend und die dort lebenden Menschen entdeckt werden wollen. Aufdrängen und Anbiedern gibt es in Salzburgs eigenwilligstem Gau nicht, freundliches Abwarten ist dagegen die Devise. Die doppelte Abgeschiedenheit hat ihren Preis. Hat man erst einmal den Weg in den Lungau gefunden, gilt es im zweiten Schritt, in die Täler zu kommen, die sich wie die Strahlen der Sonne in die vier Himmelsrichtungen erstrecken. In jedem dieser Täler zwischen dem Murtal im Westen und dem Bundschuh im Südosten sind „Eigenbrötler" zu Hause, aber nicht, weil sie dadurch auf sich aufmerksam machen wollen, sondern weil es sich im Laufe der Zeit so ergeben hat. Wo Moden und Trends nicht vorbeischauen, müssen die Zeichen eben selbst gesetzt werden. Diese Eigenheit des Lungaus ist gleichzeitig seine Stärke, die wiederum einen gewissen Argwohn gegen alles Schnelllebige hegt. Weil die Mittel immer knapp waren, musste sorgsam gewirtschaftet werden und die Bescheidenheit wurde zu viel mehr als nur einer Tugend erklärt, sie war die Voraussetzung dafür, überleben zu können. Das formt die Menschen und mit ihnen die Gegend.

Die Fläche des Lungaus misst etwas mehr als 1000 Quadratkilometer, damit ist er fast gleich groß wie der Flachgau, und erheblich größer als der Tennengau. Mit knapp 21.000 Einwohnern – bei einer Bevölkerungsdichte von 21 Einwohnern pro Quadratkilometer – ist der Lungau tatsächlich der kleinste Bezirk des Salzburger Landes. In einigen Tälern liegt die Einwohnerdichte aber sogar noch um mehr als die Hälfte darunter, wobei sich Vergleichszahlen mit Regionen im Osten Sibiriens und im Norden Kanadas aufdrängen. In den letzten 100 Jahren ist die Zahl der Einwohner zwar von 13.000 um das Jahr 1900 auf aktuell 21.000 gestiegen. In absoluten Zahlen gesehen, nimmt die Bevölkerungszahl seit einigen Jahren jedoch wieder leicht ab. Eine Überlebensfrage für die Kommunen der Seitentäler liegt in dem mit 75 Prozent sehr hohen Anteil der Auspendler in den Lungauer Zentralraum.

Die Abgeschiedenheit prägte lange Zeit das Schicksal der 15 Gemeinden zwischen Muhr, Tweng, Ramingstein und St. Margarethen. Seit der Eröffnung der Tauernautobahn 1975 hat sich diese Gewichtung jedoch verschoben. Betrachtet man den Lungau heute mit Blick in die Zukunft, so ist, was lange wie ein Fluch über der Region hing, dabei, sich in einen Segen zu verwandeln. Was den Lungau über viele Jahrhunderte in seiner Entwicklung hemmte, war ein fester Ring aus Gebirgsstöcken von den Ausläufern der Hohen Tauern im Westen über die Radstädter und Schladminger Tauern im Norden bis zu den Nockbergen im Süden. Dieser Ring war bis auf zwei Stellen im Osten zur Steiermark hin ziemlich undurchlässig. So waren die Wege in den Lungau mühsam und aufwendig. Heute birgt dieser Gebirgsring einen Reichtum, der als Schatz im Begriff ist, entdeckt und gehoben zu werden. Begünstigt durch das vorherrschende Höhenklima mit intensiver Sonnenstrahlung ist der Lungau nicht mehr und nicht weniger als ein einzigartiges Freiluftsanatorium. Eine starke Ultraviolettstrahlung, niedriger Luftdruck und das Fehlen von Föhnströmungen führen zu vertiefter Atmung, wodurch es wiederum zu vermehrter Bildung von roten Blutkörperchen kommt. Wem vom Arzt ein Aufenthalt im Lungau nahegelegt wird, soll sich keinesfalls wundern und vor allem nicht zögern der Empfehlung nachzugehen, über den Tauern zu fahren, die Wanderschuhe auszupacken und die Täler zu erkunden. Um Missverständnissen zuvorzukommen – man muss nicht krank sein, um in den Lungau zu fahren. Da individuelle Gesundheitsvorsorge zum modernen Lifestyle gehört, gehört dem Lungau die Zukunft. Mit der angestrebten Gründung des Biosphärenparks – welchen Namen er auch immer tragen mag – wird für die Region auch eine immaterielle Infrastruktur geschaffen. Biosphärenparks zeichnen sich ihrer Definition nach durch den Schutz einer Landschaft in Verbindung mit ihrer Nutzung aus. Wertvolle charakteristische Landschaftsräume sollen vor Zerstörung bewahrt und – wichtig! – entwickelt werden. Ziel ist die nachhaltige Nutzung eines Naturraums, die Sicherung seiner Vielfalt und Schönheit und das wirtschaftliche Überleben der Bewohner.

Das Herz des Lungaus sind seine Täler, die sich kilometerweit nahezu unberührt ins Gebirge ziehen. Und über den Tälern liegen die Seen. An die 60 größere und kleinere Bergseen verteilen sich auf einer Höhe zwischen 1500 und 2300 Metern auf die verschiedenen Gebirgszüge. Sie überraschen die Wanderer mit idyllischen Ansichten in den unterschiedlichen Farben zwischen hellem Türkis und einem dunklen, fast schwarzen Mitternachtsblau, je nachdem, ob der Grund moorig ist oder ob es sich um einen steinigen Untergrund handelt. Zum Wandererlebnis im Lungau gehören aber auch die Almen, von denen knapp 350 bewirtschaftet sind. Die Landwirtschaft ist generell eher kleinteilig angelegt, so werden in 650 landwirtschaftlichen Betrieben 15.000 Rinder gehalten. Wichtiger als die Statistik ist aber der erfreuliche Befund, dass der Bezirk Tamsweg mit einem 50-prozentigen Anteil zertifizierter Bio-Bauern österreichweit einen Rekord hält. Wird weiters berücksichtigt, dass die andere Hälfte der Bauern umweltgerechte Landwirtschaft betreibt und auf den Einsatz von Mineralstoffdünger und Pflanzenschutzmitteln verzichtet, ist der Lungau ein Vorreiter in Sachen biologisch ausgerichtete Landwirtschaft.

Funde an verschiedenen Stellen im Lungau weisen eine erste Besiedlung um 1000 v. Chr. nach. Die ältesten Lungauer, die namentlich oder von Grabporträts her bekannt sind, waren Kelten. Auch ein auf dem Radstädter Tauernpass gefundenes Hufeisen, das der Keltenzeit zugeordnet wird, belegt, dass dieser Alpenübergang schon in vorrömischer Zeit genutzt wurde. Als die Römer das keltische Königreich Noricum, zu dem auch das Gebiet des heutigen Lungaus zählte, im Jahr 15 v. Chr. besetzten und einige Jahrzehnte später zur römischen Provinz machten, wurden im Lungau bedeutende Transitrouten angelegt. Römische Meilensteine in Mauterndorf und im Leisnitztal bei St. Margarethen sind steinerne Zeugen dieser Blütezeit. Burg Mauterndorf und Schloss Moosham sind neben der Burg Finstergrün in Ramingstein prominente Landmarken im Lungau, aber nicht nur das, sie wurden an Plätzen erbaut, die schon in der Römerzeit eine strategisch wichtige Bedeutung hatten. Die jahrhundertelange Geschichte der drei Burgen ist so schillernd wie gruselig, denkt man nur an den Gerichtsdiener Anton Heilmayr – Schörgen Toni genannt –, der für seine grausamen Foltermethoden im Dienste des Fürsterzbischofs auf Schloss Moosham bekannt war. Dass die Burgen heute zum unverwechselbaren Bild des Lungaus gehören, haben sie vermögenden Industriellen und Gutsbesitzern aus dem deutschen Kaiserreich und der österreichisch-ungarischen Monarchie zu verdanken, die die Ruinen am Ende des 19. Jahrhunderts erwarben, renovierten und bewohnbar machten.

Neben den Burgen sind es die Troadkästen, die der Lungauer Kulturlandschaft einen unverwechselbaren Stempel aufdrücken. Die ursprünglich aus Holz gebauten Vorratspeicher, in denen die Bauern neben Speck, Wolle, Leinen und zuweilen auch Geld vor allem das Saatgut für das nächste Jahr lagerten, wurden ab dem frühen 17. Jahrhundert gemauert, verputzt, gekalkt und mit Rustika-Malerei verziert. Bei dieser Form der Fassadenmalerei werden den Baukanten Eckquader aufgemalt. Als weiterer Schmuck gelten Umrahmungen der Fenster sowie Bänder, die die einzelnen Stockwerke voneinander abheben sollen. Kam anfänglich nur die Farbe Schwarz, sie bestand aus Ruß oder Holzkohle, zur Verwendung, wurde die Rustika-Malerei nach und nach etwas bunter. Diese Besonderheit verdankt der Lungau den ab 1600 vom Friaul nach Norden ziehenden Maurern, Malern und Stukkateuren sowie dem Bergbau, der zum einen die Farbpigmente verfügbar machte und zum anderen in der Person der Gewerken die Auftraggeber und Geldgeber stellte.

Dass der Lungau schließlich auch Teil Salzburgs wurde, lag am großen Einfluss der Salzburger Erzbischöfe und Klöster, noch lange bevor sich der selbstständige Kirchenstaat konstituiert hatte. So machte König Heinrich II. Erzbischof Hartwig die Lehen Mauterndorf und Unternberg bereits 1003 n. Chr. zum Geschenk. Da die Kinderlosigkeit der Priester den Kirchenbesitz vor Erbansprüchen schützte, galt die Schenkung nur auf Lebenszeit. Nach dem Tod Hartwigs fiel Unternberg dem Frauenkloster Nonnberg zu und Mauterndorf ging in den Besitz des Domkapitels über. Mit dem Erlass einer eigenen Landesordnung kam es 1328 zur Gründung des weitgehend unabhängigen Fürsterzbistums, zu dem auch der Lungau gehörte. Zolleinnahmen und die Erlöse aus dem Bergbau sicherten das wirtschaftliche Überleben. Nach dem Versiegen der Erzadern und der Auflösung des Kirchenstaates ging es wirtschaftlich bergab, und etwa 1880 wurde der Lungau als ärmste Region Österreichs beschrieben. Um zu überleben, mussten Erwerbsmöglichkeiten in der Ferne gesucht werden. Besonders erfolgreich waren dabei die Sauschneider, jene Männer, die sich auf die Kastration der Tiere verstanden, die auf den Höfen als Fleischlieferanten oder Zugtiere gehalten wurden, wobei es sich in der Hauptsache um Eber, Hengste und Stiere handelte. In ihrer Blütezeit waren bis zu 400 Lungauer Sauschneider in den Ländern der k. u. k. Monarchie und in Bayern tätig.

Aktuell wurde mit der Aktion „Tu was, dann tut sich was" ein neues Kapitel für den Lungau aufgeschlagen. Unter starker Beteiligung der einheimischen Bevölkerung wurde 2011 mit Österreichs erstem Sozialfestival, wie die Aktion auch genannt wird, eine Ideenbörse geschaffen, die im Ergebnis dazu führen soll, das Zusammenleben der Menschen im Lungau zu verbessern. Die auf den österreichischen Theologen Clemens Sedmak, Professor für Philosophie am King's College London, zurückgehende Idee verfolgt das generelle Ziel, den gesellschaftlichen Zusammenhalt, die sozialen Strukturen und regionalen Wirtschaftskreisläufe in kleinen überschaubaren Lebensräumen zu stärken. Genau das ist es, was der Lungau braucht. Als in den eigenen Bergen nach Erzen geschürft wurde, hatte er seine beste Zeit. Heute geht es darum, selbst nach Ideen für ein besseres Leben zu schürfen.

Auf alten und neuen Wegen

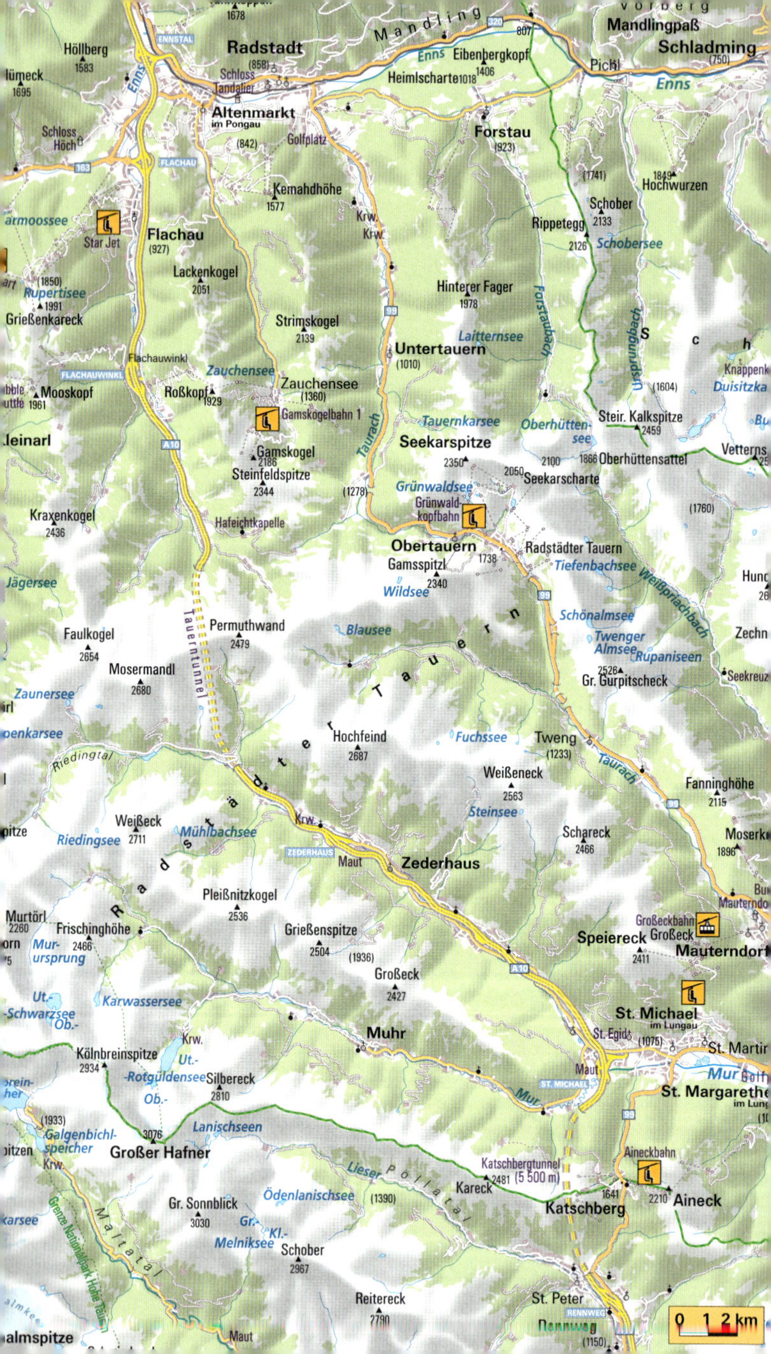

Radstadt
(858)
Schloss Tandalier
Altenmarkt
im Pongau
(842)
Golfplatz
Mandling
Enns
Eibenbergkopf
1406
Heimlscharte 1018
807
320
Mandlingpaß
Schladming
(750)
Pichl
Forstau
(923)
Höllberg
1583
1695
Schloss Höch
ENNSTAL
FLACHAU
163
Kemahdhöhe
1577
Krw.
(1741)
1849
Hochwurzen
Schober
2133
Rippetegg
2126
Schobersee
Flachau
(927)
Star Jet
Lackenkogel
2051
(1850)
Rupertisee
1991
Grießenkareck
Hinterer Fager
1978
Forstaubach
Strimskogel
2139
Laitternsee
Untertauern
(1010)
99
Ursprungbach
Knappenk
Duisitzka
Flachauwinkl
FLACHAUWINKL
Zauchensee
Zauchensee
(1360)
Mooskopf
1961
Roßkopf
1929
Gamskogelbahn 1
(1604)
Tauernkarsee
Oberhütten-see
Steir. Kalkspitze
2459
A10
Gamskogel
2186
Taurach
Seekarspitze
2350
2100
1866
Oberhüttensattel
Vetterns
Steinfeldspitze
2344
2050
Seekarscharte
(1278)
Grünwaldsee
Grünwaldkopfbahn
Kraxenkogel
2436
Hafeichtkapelle
(1760)
Obertauern
Gamsspitzl
2340
1738
Radstädter Tauern
Tiefenbachsee
Weißpriachbach
Wildsee
Jägersee
Tauerntunnel
Schönalmsee
Faulkogel
2654
Permuthwand
2479
Blausee
Twenger Almsee
Rupaniseen
Zechn
Mosermandl
2680
2526
Gr. Gurpitscheck
Seekreuz
Zaunersee
Radstädter Tauern
Hochfeind
2687
Fuchssee
Tweng
(1233)
Riedingtal
Weißeneck
2563
Taurach
Fanninghöhe
2115
Steinsee
Weißeck
2711
Riedingsee
Mühlbachsee
Krw.
Schareck
2466
Moserk
1896
ZEDERHAUS
Maut
Zederhaus
Pleißnitzkogel
2536
Mauterndo
Murtörl
2260
Frischinghöhe
2466
Grießenspitze
2504
(1936)
Großeckbahn
Großeck
Speiereck
2411
Mauterndorf
Mur-ursprung
Großeck
2427
A10
Ut.-Schwarzsee
Ob.-
Karwassersee
St. Michael
im Lungau
St. Egid
(1075)
St. Martin
Krw.
Muhr
Kölnbreinspitze
2934
Ut.-Rotgüldensee
Silbereck
2810
Ob.-
Maut
ST. MICHAEL
Mur
Mur
St. Margarethe
im Lung
(1933)
Galgenbichl-speicher
Krw.
3076
Lanischseen
Großer Hafner
Aineckbahn
Lieser
Pöllatal
Katschbergtunnel
(5 500 m)
2481
Kareck
1641
2210
Aineck
Katschberg
Ödenlanischsee
(1390)
Gr. Sonnblick
3030
Gr.-
Kl.-
Melniksee
Schober
2967
Grenze Nationalpark Hohe Tauern
Maltatal
Reitereck
2790
St. Peter
RENNWEG
Rennweg
(1150)
Maut
almspitze
0 1 2 km

Zwischen Riedingtal und Obertauern

Der einzige direkte Weg der Lungauer in die frühere Residenz- und spätere Landeshauptstadt Salzburg war beschwerlich und im Winter nicht selten tagelang unpassierbar. Dieser Weg führte über den Radstädter Tauernpass, dessen Scheitelstrecke auf 1738 Meter liegt. Gestern wie heute verbindet die Radstädter Tauernstraße (B 99) Mauterndorf auf der Lungauer und Radstadt auf der Pongauer Seite. Dazwischen liegen Tweng auf der Südseite des Alpenhauptkamms und Untertauern auf der nördlichen Seite. Noch Anfang der 1970er-Jahre musste für eine Autofahrt über den Tauernpass mit einer Fahrzeit von mehreren Stunden gerechnet werden. Heute benötigt man für eine Fahrt über die Tauernautobahn von der Stadt Salzburg bis zur Abfahrt „St. Michael", sofern einem keine Staus einen Strich durch die Rechnung machen, etwa fünf Viertelstunden. Mit der Inbetriebnahme der beiden Tunnelröhren Ende Juni 2011 wurde ein jahrzehntelanger Mangel beseitigt, denn während der Hauptreisezeit kam es immer wieder zu den gefürchteten Blockabfertigungen, die stundenlange Wartezeiten nach sich zogen. Der längste Stau wurde am 2. August 2008 gemessen, wobei die stehende Autokolonne eine Länge von über 40 Kilometern erreichte. Vermutlich war es der tragische Unfall Ende Mai 1999, der den politischen Willen, dieses gefürchtete Nadelöhr während der Hauptreisezeit zu entschärfen, wieder entfachte. Der Auffahrunfall hatte einen Tunnelbrand zur Folge, der zwölf Menschen das Leben kostete.

Mit den Planungen für den Bau der Tauernautobahn wurde nach dem Anschluss Österreichs an Hitler-Deutschland begonnen. Noch bevor man sich auf eine endgültige Route einigen konnte, wurden Ende 1942 kriegsbedingt alle Planungs-

und Baumaßnahmen eingestellt. Als Anfang der 1960er-Jahre die Idee einer Tauernautobahn wieder aufgenommen wurde, folgte man weitgehend den Planungen aus der NS-Zeit. Nach der Entschließung im Nationalrat für die Schaffung eines Mautstraßengesetzes erfolgte 1970 der Startschuss für die Tunnelbauten. Im Dezember 1974 war der Katschbergtunnel fertig, ein halbes Jahr später, am 21. Juni 1975, erfolgte die Freigabe des 44 Kilometer langen Abschnitts von Eben im Pongau bis St. Michael im Lungau. Bis es jedoch soweit war, mussten zähe Verhandlungen mit den Anrainern im Zederhaustal geführt werden. Auch für die 2010 fertiggestellte zweite Röhre wurden für die Anrainer umfangreiche Lärmschutzmaßnahmen durch den Bau von Lärmschutzwänden und sogenannten Einhausungen durchgeführt.

Das Gemeindegebiet von Zederhaus, der mit 130 Quadratkilometer flächenmäßig größten Gemeinde des Lungaus, verläuft parallel zum Murtal und erstreckt sich von der Einmündung des Zederhausbaches in die Mur bis hinauf zum Kamm der Radstädter Tauern, wo es an die Pongauer Gemeinden Flachau,

Hüttschlag und Kleinarl grenzt. Im Osten grenzt Zederhaus an das südliche Taurachtal und damit an das Gemeindegebiet von Tweng. Neben Muhr ist Zederhaus der Ort im Lungau, der für die ebenso farbenfrohen wie geschichtsträchtigen Prangstangen steht. Obwohl die Prangstangen auch im Pongau – hier heißen sie „Prangerstangen" – Tradition haben, verbindet man die bis zu acht Meter langen und 80 Kilogramm schweren Stangen doch eher mit dem Lungau. Anders als in Muhr findet die Zederhauser Prangstangen-Prozession am 24. Juni, dem Tag des heiligen Johannes, statt.

Untrennbar mit dem Zederhaustal ist der Naturpark Riedingtal verbunden, der sich vom Nebelkareck im äußersten Südwesten bis zum Mosermandl im Nordosten erstreckt und insgesamt eine Fläche von 36 Quadratkilometern umfasst, wobei die östlichen Ausläufer knapp über dem südlichen Tunnelaustritt enden. Auf dem Weg von Flachauwinkl in südlicher Richtung ist es das 2680 Meter hohe Mosermandl, das einen fast magisch anzieht. Mindestens ebenso spektakulär ist der Blick vom Riedingtal gegen Norden auf den wohl bekanntesten Berg der Radstädter Tauern.

Schon am Eingang des Riedingtales wird deutlich, dass es sich hier um ein spektakuläres Hochtal handelt, eine vielfältige Naturlandschaft mit Almen, Bergwäldern, Bergwiesen, bizarren Felsformationen sowie Seen, Tümpeln, Mooren und dem ungeregelten Riedingbach. Der Schlierersee und die spitz aufragende Pyramide der 2261 Meter hohen Riedingspitze zeigen sich beim Betreten des Naturparks ganz unvermittelt und können als Appetitmacher wahrgenommen werden. Die Wanderwege im Naturpark reichen von Erlebniswegen bis zur etwas anstrengenderen Tour auf das 2711 Meter hohe Weißeck.

Ein größerer Kontrast als zwischen dem Naturpark Riedingtal und dem Wintersportzentrum Obertauern ist kaum vorstellbar und trotzdem liegen beide Welten nur eine Tageswanderung weit voneinander entfernt.

1

Almenweg im Naturpark Riedingtal

Landschaft wie im Bilderbuch

- **Tourcharakter:** Halbtageswanderung
- **Ausgangs- und Endpunkt:** Parkplatz Schliereralm
- **Weglänge:** 6 km
- **Gesamtdauer:** 4 h
- **Höhenunterschied:** 250 hm
- **Besonderheit:** Naherholung für Mensch und Tier

Der Naturpark Riedingtal ist vieles in einem. Das ausgedehnte Almgebiet bietet ideale Wanderwege durch eine weitgehend unberührt gebliebene Natur und gibt nebenbei einen umfassenden Einblick in die Almwirtschaft des Landes. Die Almen liegen im Riedingtal, das sich auf einer Höhe von 1500 bis 2500 Meter erstreckt, weitgehend „zu ebener Erd“, das heißt, zwischen 1500 und 1800 Metern. Darüber, im ersten Stock sozusagen, führen Wege und Steige über Kare und an Seen vorbei, hinein zu idyllischen Talschlüssen und hinauf auf die Gipfel und Spitzen der Zweitausender. Der besondere Reiz des Riedingtals liegt zum einen in der Unversehrtheit seiner Landschaft und zum anderen in der Wahrnehmung, dass dieses Hochtal durchaus als verkleinertes Abbild des Lungaus gesehen werden kann.

Doch zurück zu den Almen, die einen wesentlichen und wichtigen Bestandteil der Landwirtschaft im Salzburger Land repräsentieren. Immerhin breiten sie sich auf mehr als einem Viertel der gesamten Landesfläche, die 7154 Quadratkilometer beträgt, aus. Allein im Lungau gibt es an die 350 bewirtschaftete Almen. Seit Jahrhunderten werden sie den Sommer über betrieben, um die Tiere während des gesamten Jahres ausreichend ernähren zu können. Nach der Umstrukturierung der Landwirtschaft in den Jahren nach dem Zweiten Weltkrieg, als Maschinen die Landarbeiter zu ersetzen begannen, ging auch die Bewirtschaftung der Almen zurück, ein Trend, der sich bis in die 1970er-Jahre fortsetzen sollte. Nachdem das Land eine sogenannte Alpungsprämie eingeführt hatte, stiegen die Auftriebszahlen, worunter die Summe der im Sommer auf die Almen getriebenen Nutztiere zu verstehen ist, bis in die 1980er-Jahre wieder an und blieben bis heute nahezu konstant. Almwirtschaft bedeutet immer auch Pflege und Erhaltung von Kulturlandschaft, die nicht nur eine Verödung der Böden, sondern auch Muren- und Lawinenabgänge verhindert oder zumindest in den Auswirkungen reduziert.

Der Ausgangspunkt für die Tageswanderung entlang des Almenweges durch das Riedingtal liegt beim Parkplatz Schlierersee. Vom Parkplatz aus gehen wir ein paar Meter zum See und biegen dort in südöstlicher Richtung auf den Rundwanderweg um den See ein. Am Ostufer kommen wir an einer kleinen Staumauer vorbei. Das Wasser wird über eine Rohrleitung von Zederhaus nach Muhr geleitet. Kurz nach der Hubertuskapelle am Südwestufer verlassen wir den See und gehen entlang des Hinteren Riedingbachs ins Tal hinein. Der Wanderweg Nr. 742 führt abwechselnd über Wiesen und durch Wälder an Almen vorbei, wovon die meisten bewirtschaftet sind. Der Hintere Riedingbach hat im Lauf der Jahrtausende eine sehr urwüchsige Bachlandschaft geschaffen, die es immer wieder versteht, die Aufmerksamkeit des Wanderers auf sich zu ziehen. Die gesamte Wegstrecke vom Schlierersee bis zur Zauneralm beträgt gut fünf Kilometer und weist einen Höhenunterschied von 250 Metern auf. Für den Rückweg wählen wir den Tälerbus, dessen letzte Haltstelle im hinteren Tal bei der Königalm ist. Alternativ kann man auch auf dem Weg entlang des Baches oder auf dem Fahrweg zurück zum Parkplatz gehen. In jedem Fall ist die 2261 Meter hohe Riedingspitze, die das geografische Zentrum des Naturparks darstellt, unser ständiger Begleiter. Auf dem Weg zurück schauen wir nördlich hinauf zum Mosermandl und im Osten türmt sich die 2518 Meter hohe Zwillingswand fast Ehrfurcht gebietend vor uns auf.

2

Karwanderung

Zwischen Felsen und Blumenwiesen

- **Tourcharakter:** Tagestour
- **Ausgangs- und Endpunkt:** Parkplatz vis-à-vis der Brünnwandquellen
- **Weglänge:** 12 km
- **Gesamtdauer:** 5 h
- **Höhenunterschied:** 600 hm
- **Besonderheit:** Weiter Blick auf den gesamten Naturpark

Das 2680 Meter hohe Mosermandl bildet den nördlichen Abschluss des Naturparks Riedingtal. Südlich des imposanten Berges sind im Verlauf der Gebirgsbildung mächtige Kare entstanden. Von Osten nach Westen sind das neben dem Moserkar das Gruber- und Zaunerkar. Die Wanderung entlang der Karschwelle zeigt sehr deutlich, was Kare ausmacht und wie sie sich entwickelt haben. Schon dem Namen nach ist das Kar etwas Umschließendes, leitet es sich doch vom Althochdeutschen „Kar" ab, was so viel wie „Gefäß" oder „Geschirr" bedeutet. Bei Karen handelt es sich um ebene oder muldenartige Böden, die von einer steilen Rückwand halbkreisförmig umschlossen werden. In den Mulden bilden sich häufig Karseen, was insbesondere beim Gruber- und Zaunerkar der Fall ist. Der Karriegel, auch „Karschwelle" genannt, auf und vor dem der Weg verläuft, ist meist mit lockerem Material bedeckt. Je nach Seehöhe säumen Blumen oder steiniges Geröll den Weg. Was aber vor allem zählt, ist die grandiose Balkonsicht auf den gesamten Naturpark.

Wir starten mit der Tagestour am Parkplatz vis-à-vis der Brünnwandquellen, die für sich allein schon ein bemerkenswertes Naturereignis darstellen und entsprechend geschützt sind. Anschließend nehmen wir den Wanderweg Nr. 743 in nördlicher Richtung, auf dem wir zu einer auf 1839 Meter gelegenen Hütte kommen. Von dort geht es südlich des Moserkars zuerst etwas bergab. An blühenden Sommerwiesen vorbei kommen wir dann langsam ansteigend zum Essersee auf 2088 Meter, während hinter und über uns das Mosermandl wacht. Nach dem See führt uns der Weg auf dem Jägersteig noch einmal bergwärts, bis er dann zur ehemaligen Franz Fischer Hütte nach Süden abzweigt. Diese, südlich des Zauner Sees gelegene Hütte ist zum Zeitpunkt der Recherche geschlossen. An weiteren zwei Almen vorbei geht es schließlich auf dem Fahrweg hinunter und dem Hinteren Riedingbach entlang über den Schlierersee zurück zum Parkplatz.

Aufs Weißeck hinauf

Der höchste Gipfel in den Radstädter Tauern

- **Tourcharakter:** Tagestour
- **Ausgangs- und Endpunkt:** Königalm
- **Weglänge:** 11 km
- **Gesamtdauer:** 6 h
- **Höhenunterschied:** 1000 hm
- **Besonderheit:** Grandioses Panorama

Den Namen hat das Weißeck vom hellen Kalkstein. Obwohl sich der mit 2711 Meter höchste Berg der Radstädter Tauern sehr imposant präsentiert, ist er doch leichter zu besteigen, als man das auf den ersten Blick meinen mag. Der an der Grenze zwischen Zederhaus- und Murtal liegende Berg übt nicht nur wegen der imponierenden Sicht vom Gipfel eine große Anziehungskraft aus, er rangiert auch bei den Schatzsuchern ziemlich weit oben. Im Gegensatz zu früher wird heute nicht mehr nach Kupferadern gesucht, sondern nach den violett-grünlichen Flussspat-Kristallen oder nach Bergkristallen. Etwa 100 Höhenmeter unter dem Gipfel ist eine Stelle, wo danach besonders gerne Ausschau gehalten wird.

Wir starten bei der Königalm auf 1677 Meter, die wir mit dem Tälerbus vom Naturpark-Zentrum Schliererseee aus erreichen. Von der Königalm wandern wir etwa eine knappe halbe Stunde auf einem Schotterweg am Hinteren Riedingbach entlang, bis wir zur Zauneralm kommen. Direkt nach der Alm biegen wir links auf einen Steig ab, auf dem es erst einmal ziemlich steil und anstrengend über weite Almwiesen bis auf den Höhenkamm des Großen Reicheschkogels geht. Der Weg-Nr. 711 führt uns an der Boarnlacke vorbei, womit wir uns schon auf einer Höhe von 2214 Metern befinden. Wir marschieren rechts am See entlang und kommen nach einem leichten Anstieg zur Riedingscharte auf 2274 Meter, von wo aus der Weg zur Sti cklerhütte abzweigt. Dort genießen wir erst einmal den Blick auf den Riedingsee, der etwa einhundert Meter unter uns liegt, sowie auf das Massiv des Weißecks vor uns. Ab jetzt führt der Steig über einen Felsgrat, der Trittsicherheit fordert. Für den „Gipfelsturm" sind etwa eineinhalb Stunden zu veranschlagen – vorausgesetzt, man ist kein glücksritternder Schatzsucher, der unterhalb des Gipfels, wo es einige Felsstufen zu überwinden gilt, den Verlockungen der Suche nach den glitzernden Flussspatkristallen erliegt. Vom Gipfel aus geht der Blick bis zur Ankogelgruppe mit Ankogel, Hochalmspitze und Großem Hafner. Der Abstieg entspricht der Route des Aufstiegs.

Almenweg unter der Gugl

An Schieferblöcken vorbei

- **Tourcharakter:** Halbtagesausflug
- **Ausgangs- und Endpunkt:** Zederhaus
- **Weglänge:** 11 km
- **Gesamtdauer:** 4,5 h
- **Höhenunterschied:** 500 hm
- **Besonderheit:** Ruhige und abwechslungsreiche Tour

Das parallel zum Murtal verlaufende Zederhaustal ist eines der verkehrsreichsten Täler Österreichs. Freilich ist der Grund dafür einzig und allein der durch das Tal führende Abschnitt der Tauernautobahn. Wenn auch der seinerzeitige Anrainerprotest sehr groß war, so haben sich das Tal und die Autobahn mittlerweile gut arrangiert. Da mit dem Bau der im Sommer 2011 in Betrieb gegangenen zweiten Tunnelröhre weitere Maßnahmen zur Verkehrsberuhigung einhergingen, ist mittlerweile der Baukörper der Straße störender als der Verkehrslärm. Wie schön, ruhig und idyllisch das Zederhaustal abseits der Autobahn ist, stellt eine Almwanderung, die oberhalb der Rothenwand zur Zauneralm hinaufführt, trefflich unter Beweis. Für die Alpinisten ist die Schieferalm der Ausgangpunkt für eine Tour zu dem auf über 2600 Meter hoch liegenden Guglspitz, kurz „Gugl" genannt, der östlich vom Hochfeind und westlich von der Zwillingswand flankiert wird.

Diese Wanderung beginnen wir mitten in Zederhaus. Taleinwärts ein paar Meter nach der Kirche biegen wir an der Straße rechts ab und gehen leicht aufwärts an einigen Häusern vorbei bis Anger, wo wir den Gödernierbach überqueren und auf eine Forststraße, mit der Wanderweg-Nr. 745 markiert, stoßen. Auf dieser marschieren wir über weite Serpentinen und daher nur mäßig ansteigend zur Schieferalm hinauf, zu der am Ende der Forststraße eine kurze Abzweigung führt. Abschnittsweise kann der Weg auch über den ursprünglichen Almsteig genommen werden. Ihren Namen hat die sympathische, auf 1718 Meter liegende Alm, die inmitten einer ausgedehnten Almmatte steht, von den schwarz glänzenden Schieferblöcken, an denen man vorbeikommt. An den urigen Tischen vor der Hütte werden Schmankerl aus hofeigenen Produkten serviert. Von der Alm weg macht der Pfad einen Schwenk nach rechts und wir nehmen in östlicher Richtung einen Steig, der uns teils durch den Hochwald und teils über Wiesen zu einer weiteren Alm leitet. Später kommen wir wieder auf einen Forstweg, auf dem wir nach zwei Kehren und einer halbstündigen Gehzeit auf die Forststraße zur Schieferalm stoßen. Von dort entspricht der Rückweg dem Hinweg.

Neben herzhaften Schmankerln und hofeigenen Produkten bietet die Schieferalm auch ein wunderschönes Panorama. Eine besondere Augenweide ist die blühende Edelweißwiese oberhalb der Hütte, die in einer Gehzeit von etwa einer halben Stunde zu erreichen ist. Eine Übernachtungsmöglichkeit steht auf dem Bauernhof bereit, der direkt gegenüber der Autobahnabfahrt Zederhaus liegt.

Schieferalm, Rothenwand 35, 5584 Zederhaus,
Tel. 0664/1787065, info@schieferbauer.at,
www.schieferbauer.at

Zum Mühlbachsee

Die Autobahn ist schnell vergessen

- **Tourcharakter:** Tagestour
- **Ausgangs- und Endpunkt:** Denkmalhof Maurergut
- **Weglänge:** 12 km
- **Gesamtdauer:** 6,5 h
- **Höhenunterschied:** 900 hm
- **Besonderheit:** Imposanter Blick auf das Weißeck

Der Denkmalhof Maurergut ist ein typisches Beispiel eines Lungauer Einhofes, der sich dadurch auszeichnet, dass Wohn- und Wirtschaftsgebäude unter einem Dach vereinigt sind. Das historisch Besondere an diesem Hof ist, dass er vom ausgehenden 15. Jahrhundert bis 1978, als ihn die Gemeinde erwarb, durchgehend bewirtschaftet war. Es sind sogar alle Eigentümer seit 1509 dokumentiert. Außen besteht das Ensemble neben dem Wohn- und Wirtschaftsgebäude aus einer Mühle, einem Vorratskeller für die Aufbewahrung von Lebensmitteln und dem Troadkasten, in dem Saatgut sowie Speck und zuweilen auch Geld für Katastrophenfälle aufbewahrt werden. Außerdem steht vor dem Haus ein Brunnen, neben dem ein Kräutergarten angelegt ist. Innen sehen die Besucher neben den verschiedenen Stuben und Kammern auch eine Rauchküche und ein Rosskammerl, Schlafkammern und schließlich die sogenannte Pfeifenberger-Stube, in der die Leben und Wirken der gebürtigen Zederhauser Pfarrer Valentin Pfeifenberger und Ex-Fußballnationalspieler und jetziger Trainer Heimo Pfeifenberger an Hand von Fotos und persönlichen Gegenständen dargestellt wird.

Wir starten mit dieser Tour beim Denkmalhof Maurergut in der Ortschaft Gries, den wir nach dem Besuch des vorbildlich gepflegten Museumshofes links liegen lassen. Danach geht es unter der Tauernautobahn durch, und anschließend biegen wir bei der Kreuzung links ab. Fast unmittelbar danach stoßen wir auf einen Forstweg, der auf der rechten Seite in den Wald hineinführt. Auf diesem bleiben wir ein gutes Stück, bis wir zu einer Alm kommen, die bereits auf 1678 Meter liegt. Vor der Alm vereinigen sich der Forstweg und der Steig, der von Mühlbach heraufführt. Wir haben die Route vom Maurerhof gewählt, um zu zeigen, wie eng im Zederhaustal die Zivilisation des 21. Jahrhunderts mit Kulturgütern aus den vorigen Jahrhunderten verbunden ist und wie sich dies alles in eine Landschaft einfügt, die ohnehin keiner Zeitbegrenzung unterworfen ist. Nach der Alm geht es noch eineinhalb Kilometer fast eben auf der Forststraße entlang des Nahendfeldbaches taleinwärts. Wo die Straße endet, beginnt dann ein eher steiler Pfad über Wiesen, der die letzte Etappe bis zum grünlich schimmernden Mühlbachsee einläutet. Imposant ist der Blick auf das 2711 Meter hohe Weißeck mit der spektakulären Nordflanke, die nicht zu Unrecht „In der Hölle" heißt und von der sich im Winter die Skitourengeher waghalsig in die Tiefe stürzen. Nach Begeisterung und Rast gehen wir auf demselben Weg zurück.

Vom Speiereck zum Großeck

Wo die Hexen tanzen

- **Tourcharakter:** Tagestour
- **Ausgangspunkt:** St. Michael im Lungau, Rot-Kreuz-Station
- **Endpunkt:** Mauterndorf Talstation
- **Weglänge:** 7,5 km
- **Gesamtdauer:** 6 h
- **Höhenunterschied:** 1700 hm
- **Besonderheit:** Prächtige Aussicht

Wer eine Tour sucht, die von Anfang an mit Panoramablicken auf den Lungauer Zentralraum nicht geizt, ist mit der Route von St. Michael auf das Speiereck und weiter auf das Großeck gut bedient. Mit Lust aufs Gehen und guter konditioneller Grundausstattung wird der abwechslungsreiche, wenn auch steile Weg zu einem prägenden Bergabenteuer. Ob der sagenumwobene „Hexenberg" allerdings auch tagsüber hält, was er für die Nacht verspricht, vermag niemand genau zu sagen, und wer es wüsste, würde aus gutem Grund schweigen.

Ausgangspunkt dieser Tour ist bei der Rot-Kreuz-Station in St. Michael, wo nebenan eine Tafel auf den Weg Nr. 5 verweist. Auf dem schmalen Steig geht es gleich ordentlich zur Sache. Anschließend marschieren wir auf einer Forststraße in schier endlosen Serpentinen an Wiesen vorbei oder durch den Hochwald. Bei der ersten Hütte angekommen, haben wir immerhin schon 800 Höhenmeter überwunden. Die zweite Etappe führt durch ein Kar zwischen Matten von Beerensträuchern und Almrosen bis auf den 2411 Meter hohen Gipfel des Speiereck hinauf. Wenn die Kondition stimmt, stellt die Tour keinerlei Problem dar. Spätestens oberhalb der Baumgrenze zwingt schon der grandiose Panoramablick zum öfteren Anhalten und staunenden In-die-Berge-Schauen. Da wir auf den Abstieg den Knien zuliebe verzichten, führt uns der Weg vom Speiereck in nördlicher Richtung weiter bis zur nächsten Abzweigung, an der wir rechts in östlicher Richtung zum Großeck hinuntergehen. Der Abstieg vom Speiereck zum Großeck beträgt etwa 400 Höhenmeter und braucht eine Stunde Gehzeit. Abschließend fahren wir mit der Gondelbahn ins Tal und von dort weiter mit dem öffentlichen Bus nach St. Michael.

7

Burg und Markt Mauterndorf

Über allem ruht die Burg

- **Tourcharakter:** Halbtagesausflug
- **Ausgangs- und Endpunkt:** Parkplatz in Mauterndorf
- **Weglänge:** 2 km
- **Gesamtdauer:** 3 h mit Besichtigungen
- **Besonderheit:** Ästhetisch wie historisch interessanter Ortskern

Die mit 1740 Einwohnern viertgrößte Gemeinde des Lungaus ist der älteste Markt des Bezirks, und war lange Zeit sein wichtigster Handelsplatz. Den Grund für diese historische Bedeutung lieferte die Lage als südlicher Ausgangspunkt des Tauernübergangs, der zu Beginn des römischen Kaiserreichs als Straße ausgebaut wurde, wovon heute noch die mittlerweile 2000 Jahre alten Steine vor dem sogenannten Putzhaus zeugen. Nach dem Niedergang des Römerreichs und der Einnahme des Lungaus durch die Bajuwaren kam Mauterndorf durch eine Schenkung Kaiser Heinrichs II. in den Besitz des Salzburger Domkapitels.

Die schon von Weitem sichtbare Burg Mauterndorf wurde 1253 auf den Resten eines römischen Kastells errichtet und im 15. Jahrhundert weiter ausgebaut. Bis etwa 1500 führte die Straße mitten durch die Burganlage, danach wurde die Trasse über den heutigen Schlossbühel angelegt. Nach der Auflösung des selbstständigen Kirchenstaates verfiel die Burg nach und nach, bis sie 1894 vom preußischen Stabsarzt mit jüdischer Abstammung, Dr. Hermann Epenstein, erworben und aufwendig renoviert wurde. Hätte nicht die Mutter von Hermann Göring ein Verhältnis mit dem vermögenden Arzt gehabt – die Familien lernten sich während der konsularischen Tätigkeit von Görings Vater im Ausland kennen –, wäre die Ära Epenstein in der jahrhundertelangen Geschichte der Burg eine kurze Episode geblieben. Der spätere Reichsfeldmarschall Göring verbrachte während seiner Kindheit viele Sommer auf der Burg, die er 1934 erbte. 1938, nach dem „Anschluss" Österreichs an Hitler-Deutschalnd, kehrte er mit großen Versprechungen nach Mauterndorf zurück, das ihn prompt zum Ehrenbürger ernannte. Die Versprechungen blieben Schall und Rauch. Die Wasserleitung wäre auch ohne ihn gebaut worden, und vom Anschluss an das große Eisenbahnnetz ist der Lungau nach wie vor weit entfernt. Nicht einmal um die Eigentumsübertragung im Grundbuch hatte er sich gekümmert. Umso mehr verwundert es, dass die Ehrenbürgerschaft formell nie zurückgenommen wurde. Nach dem römischen Rechtsgrundsatz „mors omnia iure solvit", löst der Tod zwar alle Rechte, aber der Gemeinde stünde es gut an, dem Beispiel Braunaus zu folgen und diese Ehrenbürgerschaft formell zurückzunehmen.

Wir beginnen mit dem halbtägigen Kulturspaziergang auf dem Marktplatz, wo – mit Blick zur Burg – auf der rechten Seite das Haus Nr. 1 steht, das als Pfleggericht erbaut wurde und in dem der Pfleger bis 1806 seinen Sitz hatte. Die den Platz säumenden stattlichen Häuser mit ebenso aufwendigen wie auffälligen und für den Lungau untypischen Giebeldächern verdankt Mauterndorf den Gewerken- und Handelsfamilien, die sich im Spätmittelalter hier niederließen. Wir gehen in nördlicher Richtung weiter und über die ehemalige Fleischbrücke, deren Holzkonstruktion zum Ende des 19. Jahrhunderts durch eine Steinbrücke ersetzt wurde. Der Name leitet sich von den Bänken ab, auf denen früher das Fleisch zum Verkauf angeboten wurde. Nach ein paar hundert Metern kommen wir zum Burgareal. Kunsthistorisch von besonderem Interesse ist die zur Mitte des 14. Jahrhunderts erbaute Kapelle mit Flügelaltar und bemerkenswerten Fresken. Nachdem die Burg 1968 Eigentum des Landes Salzburg geworden war, wurde sie zu einer „Erlebnisburg" ausgebaut, in der den Besuchern die Welt des Mittelalters nähergebracht wird. Auch das Lungauer Landschaftsmuseum hat hier seinen Platz gefunden.

Auf dem Rückweg kommen wir vor der über die Taurach gebauten Fleischbrücke an der Brückenkeusche vorbei, wo ab dem 15. Jahrhundert eine Mühle stand. Nach der Brücke steht das Putzhaus, ebenfalls im 15. Jahrhundert errichtet, wo die geschlachteten Tiere ausgeweidet und das anschließend auf der Brücke verkaufte Fleisch „geputzt" wurde. Auf dem Weg zur Pfarrkirche, die wir nachher links passieren, sehen wir weitere stattliche Häuser, wovon in einem die Marktgemeinde ihren Sitz hat. Nach der Kirche gehen wir in südlicher Richtung auf dem Weg zum Parkplatz zurück. Bevor wir an die Hauptstraße kommen, kehren wir in den auf der linken Seite liegenden Gasthof Weitgasser ein und entspannen uns im Gastgarten, der unmittelbar an die Taurach grenzt.

Das 1651 erbaute Haus präsentiert sich unter dem Motto: Wohnen wie einst mit dem Komfort von heute. Im schattigen Gastgarten sitzt man unter Kastanienbäumen und genießt die ausgezeichnete Küche. Genusswirt und Mitglied bei „Kulinarisches Erbe Österreich". Zentrale Lage und idealer Ausgangspunkt für Wanderungen.

Hotel Gasthof Weitgasser,
Markt 106, 5570 Mauterndorf, Tel. 06472/7366,
hotel@gasthof-weitgasser.at, www.gasthof-weitgasser.at

Über den Hirschwandsteig

Grenzwanderung mit Almrausch

- **Tourcharakter:** Tagestour
- **Ausgangs- und Endpunkt:** Obertauern
- **Weglänge:** 14 km
- **Gesamtdauer:** 7 h
- **Höhenunterschied:** 450 hm
- **Besonderheit:** Sicht auf Obertauern und den Dachstein

Das Skidorf Obertauern ähnelt im Sommer mehr einer Filmkulisse als einem Ort, in dem tatsächlich Gäste untergebracht sind. Im Winter schaut die Welt zwischen Seekarspitze im Norden und Gamsleitenspitz im Süden völlig anders aus, und wer Obertauern nur vom Wintersport her kennt, wird sich im Sommer die Augen reiben und nach Anhaltspunkten suchen, damit der Wiedererkennungseffekt einsetzt. Am ehesten eignen sich hierfür die Namen der Seilbahn- und Liftanlagen. Für

Sommerwanderungen ist die Gegend um Obertauern fast ein Geheimtipp. Wie gesagt, der Ort gehört etwa je zur Hälfte zum Lungau und zum Pongau. Die Wanderung über den Hirschwandsteig bietet, selbst wenn sie großteils über Pongauer Boden führt, die Möglichkeit, nicht nur von Obertauern wegzugehen, sondern auch den einen oder anderen Blick auf das im Sommer verlassene Goldgräberdorf des Wintersports zu werfen. Außerdem präsentiert die Tour neben dem spannenden Steig durch die Hirschwand auch faszinierende Ausblicke zum Dachstein.

Als Ausgangspunkt für diese Tagestour haben wir die Busstation Wiesenegg gewählt, von der wir uns auf dem Weg-Nr. 25 in südlicher Richtung bis zum Jugendheim Felser Alm aufmachen und von dort über die eineinhalb Kilometer lange Zufahrtsstraße in nördlicher Richtung bis fast zur Bundesstraße hinuntergehen. Vor der Bundesstraße biegen wir in nordwestlicher Richtung ab und folgen den Hinweisschildern zum Johannesfall, einem der imposantesten – abgesehen von den Krimmler Fällen – Wasserfälle im Salzburger Land. Erfrischt vom Sprühnebel, steigen wir über den Weg-Nr. 24 zur Hintergnadenalm und von dort über die Fahrstraße bis zur Südwiener Hütte auf 1800 Meter hinauf. Die etwas monotone Fahrstraße kann immer wieder durch markierte Steige abgekürzt werden. Von der Südwiener Hütte wandern wir dann in östlicher Richtung über den Hirschwandsteig zur Felser Alm zurück. Dieser etwa zweistündige Abschnitt ist der Höhepunkt der Tour. Der Steig führt im wahrsten Sinn des Wortes durch ein Meer von Almrosen, oder „Almrausch", wie die Rhododendron-Art im österreichisch-bayerischen Raum genannt wird, und bietet darüber hinaus freien Blick zum Dachstein und je weiter man nach Osten kommt, auch auf Obertauern. Auf der letzten Etappe von der Felser Alm bis zur Busstation Wiesenegg entspricht der Rückweg dem Hinweg. Die Tour sollte keinesfalls bei Regen und nach Möglichkeit auch nicht nach einer Schlechtwetterperiode gemacht werden. An schattigen Stellen hält sich die Nässe hartnäckig und der Boden kann recht rutschig sein.

Durch das Lantschfeld zum Blausee

Springender Bach über weite Almen

- **Tourcharakter:** Tagestour
- **Ausgangs- und Endpunkt:** Tweng, Parkplatz vor dem Schranken
- **Weglänge:** 13 km
- **Gesamtdauer:** 7 h
- **Höhenunterschied:** 800 hm
- **Besonderheit:** Familienwanderung mit Abstecher zum See

Die Gemeinde Tweng teilt sich mit dem auf der Pongauer Seite liegenden Untertauern das „Wintersport-Dorf" Obertauern und ist als Ausgangspunkt für Wanderungen im Lungau etwas ungünstig positioniert. Die vom Pass kommenden Besucher wollen schnellstmöglich hinunter und dann in die klassischen Täler hinein oder ins Nockgebiet hinauf. Wer den Lungau über den Radstädter Tauern verlässt, ist in den allermeisten Fällen wandersatt und möchte nach Radstadt und weiter. Dabei ist vor allem das Lantschfeld eine Region, die sich bestens für Familienwanderungen eignet, reiht sich hier doch eine Alm an die andere und als Draufgabe sprudelt neben dem Weg auch noch der Lantschfeld-Bach munter talauswärts. Der Blausee unterhalb der markanten Südwand des Pleißlingkeils ist in jedem Fall den Aufstieg wert.

Diese Tagestour beginnt – von Mauterndorf kommend – beim Parkplatz nach der Brücke über die Taurach. Der gut ausgeschilderte und rot-weiß markierte Aufschließungsweg Nr. 744 führt leicht ansteigend an mehreren Almen vorbei und immer wieder direkt entlang des Baches. Auf der ersten Hälfte der Wegstrecke geht es abwechselnd über Wiesen und durch kleinere Waldstücke. Nach etwa eineinhalb Stunden kommen wir zu einer Weggabelung, bei der wir uns rechts halten. Ab hier wird der Anstieg etwas deutlicher und das Gebirgspanorama beginnt sich zu zeigen. Sind es auf der Nordseite Zehnerkarspitze, Predigtstuhl und Glöcknerin mit Höhen zwischen 2360 und 2430 Meter, sieht man im Süden Rosskogel, Kämpen und Heißenspitze, allesamt mit einer Höhe, die der Nordseite vergleichbar ist. Die zweite Etappe endet nach etwa einer Stunde beim Almdorf, wo wir eine Höhe von ungefähr 1650 Metern erreicht haben. Der Steig über das Windsfeld zum Blausee nimmt weitere eineinhalb Stunden in Anspruch, die aber sehr gut angelegt sind. Zum einen ist der Blick auf den in einem Kessel liegenden, im Sommer dunkelblau schimmernden See, eine Augenweide, zum anderen lernt man das Windsfeld kennen und kann sich einen Begriff von der Landschaft machen, um die eine heiße Diskussion geführt wird, weil dort eine Windkraftanlage errichtet werden soll. Vom Windsfeld bis zum See ist die Ausschilderung eher dürftig, aber eigentlich kann man sich nicht verlaufen. Der Abstieg zum See ist gut geübten Wanderern vorbehalten. Auf dem Rückweg geht es zu Fuß bis zur Hinteren Zehneralm und von dort mit dem Tälerbus zurück bis zum Parkplatz.

Über den Twengeralm-See zum Oberen Schönalmsee

Zum Einstieg wie zum Abschied

- **Tourcharakter:** Halbtagestour
- **Ausgangs- und Endpunkt:** Jugendheim Schaidberg
- **Weglänge:** 9 km
- **Gesamtdauer:** 4 h
- **Höhenunterschied:** 300 hm
- **Besonderheit:** Rasche Tour zu zwei typischen Bergseen

Von Tweng aus zu einem der vielen Bergseen in den Niederen Tauern aufzubrechen, ist allein schon aus zeitökonomischen Gesichtspunkten sehr klug. Dass sich die Anstrengung in Grenzen hält, mag als ein weiterer Pluspunkt gelten. Da der Ausgangspunkt bereits auf 1703 Meter liegt, ist die 2000-Meter-Marke bereits nach 300 Höhenmetern erreicht. Das ist zum Einstimmen auf die Lungauer Bergseen ebenso ideal wie für ein letztes Lebewohl, das das Erlebnis der unvergleichlichen Berg-, Seen- und Tälerlandschaft der Niederen Tauern noch einmal fest ins Gedächtnis einbrennen soll.

Wir starten beim Jugendheim Schaidberg, das einen guten Kilometer südlich der Scheitelstrecke des Passes liegt. Dieser Ausgangspunkt ist auch mit dem öffentlichen Bus zu erreichen. Links vom Haus beginnt der Schotterweg, der uns in südöstlicher Richtung durch Zirben- und Lärchenwälder führt und moderat ansteigt. Wegen der rot-goldenen Herbstfärbung ist die Wanderung besonders in der dritten Jahreszeit sehr eindrücklich. Nach etwa einer Stunde haben wir die Ernstalm auf 1869 Meter erreicht und damit auch schon die erste Hälfte der Tour absolviert. Weiter geht es zuerst durch blühende Almwiesen und anschließend nach einem kurzen Steilstück mit spannenden Aussichtspunkten zum Twengeralm-See auf 2150 Meter hinauf. Der Blick schweift über die südlichen Niederen Tauern bis zum Nockgebiet und westlich davon zu den Hohen Tauern. Wir wandern im Weiteren an der rechten Seite des Sees entlang und abschließend über ein eher steiles Stück zum Oberen Schönalmsee, dem Endpunkt unserer Tour. Für den Rückweg wählen wir die Aufstiegsroute.

Älter als die Römer

Vor den Römern legten die Taurisker einen Pfad über den Radstädter Tauern an. Für sie waren die Spuren der Erzadern maßgeblich, während es den Römern beim Ausbau der Straße eher um den raschen Nachschub zu den Legionen nördlich der Alpen ging. Als die Bajuwaren schließlich den Lungau besiedelten, kamen sie auch über den Tauernpass. Heute ist die vielfach ausgebaute und schneesichere Passstraße seit Eröffnung der Tauernautobahn den Winter über Zubringer nach Obertauern und in der schneelosen Zeit eine beliebte Ausflugsstraße für Asphalt-Cowboys aus aller Herren Länder. Nichtmotorisierte Zweiradler kämpfen zuweilen heftig mit dem Höhenunterschied von 725 Metern und einer durchschnittlichen Steigung von etwas mehr als acht Prozent. Bis 1975 war die Straße über den Radstädter Tauern die einzige Verbindung von Salzburg aus in den Lungau.

Neben dem 150 Kilometer westlich gelegenen Brennerpass war der Radstädter Tauernpass für viele Jahrhunderte die wichtigste Nord-Süd-Verbindung über die Alpen. Für das eigenständige Fürsterzbistum war er aber noch viel mehr als das. Im Vordergrund stand die direkte Verbindung nach Venedig, was den Warenverkehr in beide Richtungen erleichterte und verbilligte, brauchten doch keine Transitzölle bezahlt zu werden. Im Gegenteil, die Fürsterzbischöfe konnten sogar Maut einnehmen. Ab Mitte des 16. Jahrhunderts begann man mit einer wöchentlichen Kammerbotenfahrt von Salzburg in den Lungau, was 1764 auf zweimal wöchentlich und 1895 auf zweimal täglich erweitert wurde. An der Strecke zwischen Radstadt und Mauterndorf lagen mit dem Postgasthof in Untertauern, dem Wirtshaus Wiesenegg kurz vor dem heutigen Obertauern, dem Tauernhaus Schaidberg südlich von Obertauern und dem Gasthof Post in Tweng vier Tauernhäuser.

Älter als die Römer

Diese wurden ab Mitte des 16. Jahrhunderts, als der Personen-, Waren- und Postverkehr etabliert wurden, auf fürsterzbischöfliche Anordnung hin zu Stützpunkten und später auch zu Poststationen ausgebaut. Um den Verkehr über den Tauern möglichst reibungslos abzuwickeln, waren die Bauern angehalten, Vorspanndienste zu leisten. Dabei wurden den Pferden zu ihrer Entlastung jeweils zwei oder vier Ochsen vorgespannt. Eine weitere Besonderheit des Transports über den Radstädter Tauern waren die Wegmacher, die sie zu begleiten und dafür zu sorgen hatten, dass Menschen und Waren die abenteuerliche Fahrt heil überstanden. Ihnen zu Ehren wurde auf der Pongauer Seite bei der Brücke über den Nesselgraben ein Denkmal errichtet mit der Inschrift „Allen auf der Römerstraße seit 201 n. Chr. tätigen Wegmachern gewidmet".

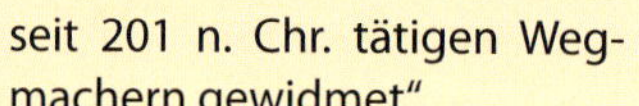

Wer heute über den Pass fährt und mit der Geschichte der Wintersport-Domäne Obertauern nicht vertraut ist, wird sich die Augen reiben, wie eng aneinandergepresst Hotels und Appartementburgen stehen und vor allem wie verlassen die Szenerie in den Monaten zwischen Ostern und Weihnachten wirkt. Assoziationen zu Goldgräbersiedlungen im Wilden Westen stellen sich rasch ein, und niemand würde glauben, was sich im Winter in der Ortschaft abspielt, die entgegen landläufiger Meinung keine eigene Gemeinde darstellt. Die Gemeindegrenze zwischen Untertauern und Tweng, gleichzeitig die Bezirksgrenze zwischen Pongau und Lungau zieht sich mitten durch den Ort, ja sogar mitten durch Häuser, wie durch das des Tourismusverbandes. Ähnlich wie auf dem Katschberg, wo der Lungau an Kärnten grenzt, blieb die Grenzziehung beim Auf- und Ausbau des Skigebiets nahezu unberücksichtigt. Aus heutiger Sicht wird die Fokussierung auf den Wintersport freilich bedauert, weil die Region dem Sommergast und Wanderer wenig attraktiv erscheint und offensichtlich auch keine Bemühungen vorhanden sind, das zu ändern. Als 1965 Ausschnitte des Beatles-Films „Help" in Obertauern gedreht wurden, hatte der Skizirkus erst so richtig begonnen, zehn Jahre früher standen in dem sprichwörtlichen Schneeloch kaum mehr als eine Handvoll Häuser.

Als der junge Zederhauser Bauernsohn, der unbedingt und verständlicherweise in die Welt hinaus wollte, an der engsten Stelle, wo sich die Felsen zu berühren scheinen, kehrt machte, weil er sich am Ende der Welt glaubte, war die Straße noch nicht so begradigt und gut ausgebaut. Heute nimmt man auf der knapp 40 Kilometer langen Strecke kaum mehr wahr, auf einem der geschichtsträchtigsten Alpenübergänge unterwegs zu sein. Der Legende nach wurde diese Stelle als Zederhauser Umkehr bekannt. Wer heute aus dem Zederhaustal in die Welt hinaus will, nimmt die Auffahrt zur Tauernautobahn, was aber nicht ausschließt, dass er trotzdem irgendwann auf seiner Reise an eine Stelle kommt, an der er wie der junge Bauernsohn umkehrt, weil er sich am Ende der Welt wähnt und nach Hause zurück will. Vielleicht ist die Zederhauser Umkehr ja nichts anderes als das Eingestehen von Heimweh, und wer möchte gegen diesen Drang schon etwas unternehmen?

Ein Collier
aus Tälern

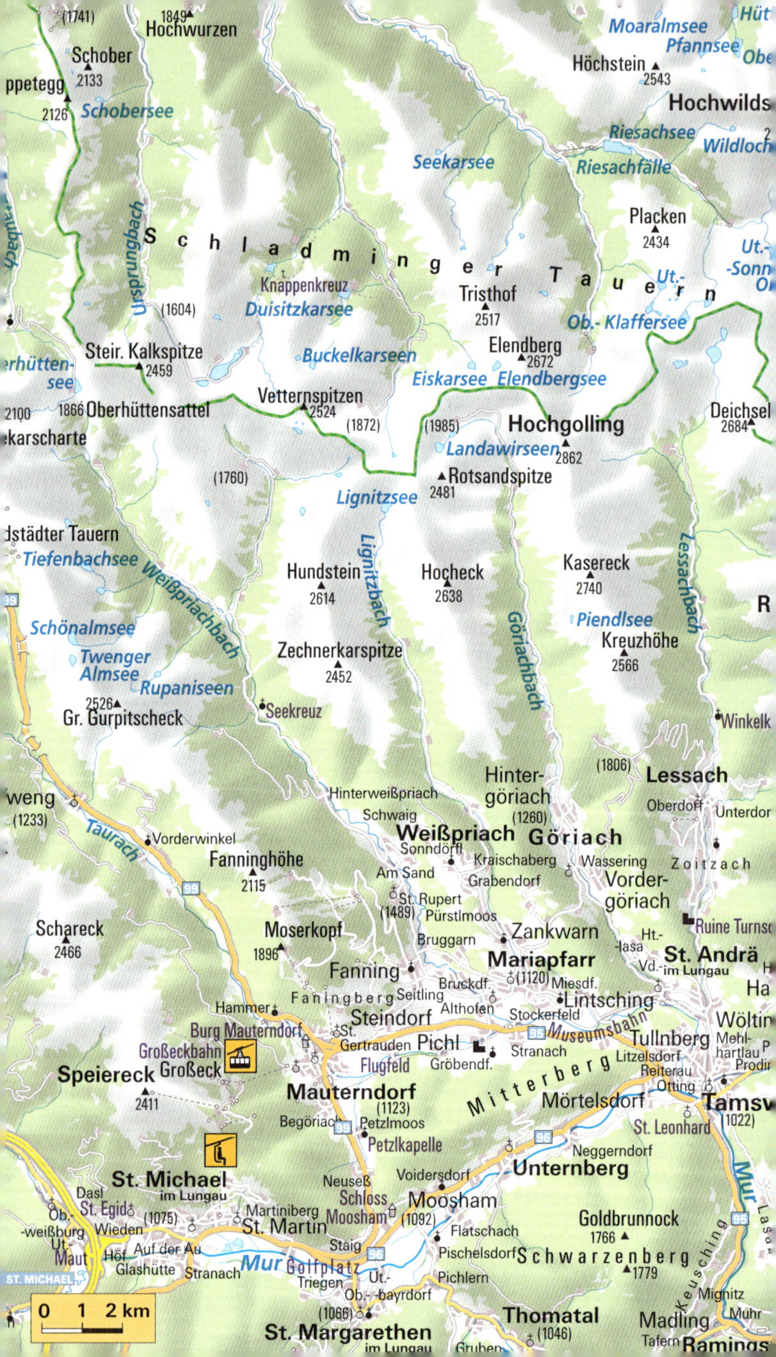

Hochwurzen
1849
(1741)
Schober
2133
2126
Schobersee
Moaralmsee
Pfannsee
Höchstein
2543
Hochwilds
Riesachsee
Wildloch
Riesachfälle
Seekarsee
Placken
2434
Ursprungbach
Schladminger Tauern
Knappenkreuz
Duisitzkarsee
Tristhof
2517
(1604)
Ob.- Klaffersee
Elendberg
2672
Steir. Kalkspitze
2459
Buckelkarseen
Eiskarsee
Elendbergsee
Vetternspitzen
2524
1866
Oberhüttensattel
(1872)
(1985)
Hochgolling
2862
Deichsel
2684
Landawirseen
Rotsandspitze
2481
(1760)
Lignitzsee
Tiefenbachsee
Weißpriachbach
Hundstein
2614
Lignitzbach
Hocheck
2638
Kasereck
2740
Lessachbach
Göriachbach
Piendlsee
Kreuzhöhe
2566
Schönalmsee
Twenger Almsee
Rupaniseen
Zechnerkarspitze
2452
2526
Gr. Gurpitscheck
Seekreuz
Winkelk
(1806)
Lessach
Hinter-göriach
(1260)
Hinterweißpriach
Schwaig
Weißpriach
Göriach
Oberdorf
Unterdor
(1233)
Taurach
Vorderwinkel
Fanninghöhe
2115
Sonndörfl
Kraischaberg
Wassering
Zoitzach
Am Sand
Grabendorf
Vorder-göriach
St. Rupert
(1489)
Pürstlmoos
Ruine Turns
Schareck
2466
Moserkopf
1896
Bruggarn
Zankwarn
Mariapfarr
(1120)
St. Andrä
im Lungau
Fanning
Faningberg
Seitling
Bruckdf.
Miesdf.
Lintsching
Hammer
Althofen
Steindorf
Stockerfeld
Museumsbahn
Burg Mauterndorf
St. Gertrauden
Pichl
Tullnberg
Großeckbahn
Großeck
Flugfeld
Gröbendf.
Stranach
Litzelsdorf
Reiterau
Speiereck
2411
Mauterndorf
(1123)
Mitterberg
Mörtelsdorf
Otting
Tamsw
St. Leonhard
(1022)
Begöriach
Petzlmoos
Petzlkapelle
Neggerndorf
Unternberg
St. Michael
im Lungau
Neuseß
Voidersdorf
Schloss Moosham
Moosham
(1092)
Dasl
St. Egid
(1075)
Martiniberg
St. Martin
Goldbrunnock
1766
Wieden
Flatschach
Staig
Auf der Au
Pischelsdorf
Schwarzenberg
1779
Höf
Glashütte
Mur
Golfplatz
Stranach
Triegen
Ob.-bayrdorf
Pichlern
Keusching
(1066)
Mignitz
Madling
Muhr
St. Margarethen
im Lungau
Thomatal
(1046)
Tafern
Ramings
0 1 2 km
99
95
96

Ein Collier aus Tälern

Im Süden der Schladminger Tauern

Die Schladminger Tauern grenzen im Osten an die Rottenmanner Tauern und im Westen an die Radstädter Tauern, mit denen sie gemeinsam einen Teil der Niederen Tauern bilden. Der höchste Gipfel der Schladminger Tauern ist mit 2862 Meter der Hochgolling. Der sich etwas unwirtlich gebende Berg bleibt erfahrenen Alpinisten vorbehalten. Dafür entschädigt er die zu ihm aufschauenden Bergwanderer mit imposanten Ansichten seiner Flanken. Im Norden werden die Schladminger Tauern vom Ennstal, im Süden vom Lungauer Murtal begrenzt. Zwischen Taurachtal und Weißpriachtal verläuft die Grenze zwischen Radstädter und Schladminger Tauern, östlich vom Lessachtal verläuft die Grenze zur Steiermark. Das gesamte Bergmassiv der Niederen Tauern war während der Eiszeit stark vergletschert. Als Erbe hat uns die Eiszeit tief eingeschnittene Täler und mehrere Dutzend Karseen hinterlassen, wodurch hier die seenreichste Berggegend der Ostalpen entstanden ist. Zwischen dem Weißpriachtal und dem Lessachtal liegen das bis auf drei Bauernhöfe beim Taleingang unbesiedelt gebliebene Lignitztal und das Göriachtal, das vor allem durch das Almdorf bekannt geworden ist.

Nach dem Niedergang des Römerreiches verfiel auch die Handelsstraße über den Radstädter Tauern. So wurde die Verbindung zwischen Forstau im Ennstal und Mariapfarr über den Oberhüttensattel und durch das Weißpriachtal „ausgebaut". Als Mauterndorf im frühen 11. Jahrhundert in den Besitz des Salzburger Domkapitels kam, Wegzölle und Mauten wieder eine Rolle spielten, wurde die frühere Römerroute wieder attraktiv und blieb es über viele Jahrhunderte. Wie wir aus Aufzeichnungen von Ignaz Kürsinger wissen, überlegte Fürsterzbischof Hieronymus Graf Colloredo um 1790, die lawinengefährdete Straße über den Radstädter Tauern doch wieder ins Weißpriachtal zu verlegen. Im Zuge dessen wurde der Tamsweger Ingenieur und Maler Gregor Lederwasch mit Vermessungsarbeiten beauftragt. Der Fürsterzbischof dachte dabei freilich auch an die Vereinfachung des Abtransports der Eisenerze, die es am Talende noch zu schürfen gab. Allein der Lauf der Zeit – der große politische Wandel in Europa führte zur Auflösung des Fürsterzbistums und der Erzabbau war um diese Zeit schon ziemlich unrentabel geworden – ließ die Dinge anders kommen und das Weißpriachtal blieb im Gegensatz zum Taurachtal ein stilles, aber umso interessanteres Tal.

Was diese vier Täler so besonders macht, ist ihr landschaftlicher Reiz, der zum einen von dem jeweiligen Bach bestimmt wird, sowie die weiten, stufenförmig angelegten Almböden, die sich bis auf eine Höhe von 2000 Meter hinaufziehen. Die Bäche münden allesamt in die Taurach und mit ihr bei Tamsweg in die Mur. Das bestimmende Element ist das Wasser, wie es sich in schier unendlichen Mäandern zwischen temperamentvoll und verhalten, dafür unablässig auf den Talanfang zubewegt, oder über Felsvorsprünge rauscht und den Wanderer als Wasserfall beeindruckt. Oben liegen die Karseen und funkeln nebeneinander und übereinander in der Sonne oder geben sich bei mäßigem Wetter als unergründliche Bergseen, von denen jeder ein Geheimnis wahrt.

Von Mariapfarr auf den Oberhüttensattel

Pilgern auf alten Wegen

- **Tourcharakter:** Tagestour
- **Ausgangs- und Endpunkt:** Kirche St. Rupert bei Mariapfarr
- **Weglänge:** 25 km
- **Gesamtdauer:** 9,5 h
- **Höhenunterschied:** 850 hm
- **Besonderheit:** Wanderung durch das gesamte Tal

Um über den Tauern vom Pongau in den Lungau zu kommen, müssen die Niederen Tauern überquert werden. Das war schon zu vorchristlicher Zeit eine Herausforderung, die die Römer mit der Verbindung über den Radstädter Tauern bravourös gemeistert haben. Nach dem Niedergang des Imperiums verfielen die Verkehrswege, und zumindest eine Zeit lang schien es, als ob das benachbarte Weißpriachtal die Rolle der Transitstrecke übernehmen würde. Mit der Übertragung der Herrschaft Mauterndorf an das Salzburger Domkapitel im frühen 11. Jahrhundert war jedoch bald wieder der Radstädter Tauern und mit ihm das Taurachtal im Fokus der mittelalterlichen Verkehrsplaner. Als sich die Nationalsozialisten knapp 1000 Jahre später an den Bau einer Autobahnverbindung zwischen Salzburg und Klagenfurt machten, stand neben dem Zederhaustal auch das Taurachtal als Route zur Diskussion. 150 Jahre zuvor war der letzte regierende Fürsterzbischof Hieronymus Graf Colloredo drauf und dran, mit dem Weißpriachtal eine Alternative zur lawinengefährdeten Route über den Radstädter Tauern zu schaffen. Freilich hatte er dabei auch die Erzvorkommen im Sinn, die es im hinteren Weißpriachtal noch zu schürfen gegeben hätte. Doch Napoleon machte ihm einen Strich durch die

Rechnung: Ehe Colloredo das Projekt weiter verfolgen konnte, war das Fürsterzbistum aufgelöst und er im Wiener Exil, das er erst gut 200 Jahre später bei der Umbettung vom Stephansdom in den Salzburger Dom wieder verlassen sollte. So haben wirtschaftspolitische Strategien im Mittelalter und die europäische Politik zur Zeit Napoleons dazu geführt, dass das Weißpriachtal bleiben konnte, was es war: ein wunderschönes Tal mit einer Flusslandschaft, die Ihresgleichen sucht und mit Wanderrouten, für die man gerne Strapazen auf sich nimmt. Dass der Weg von Weißpriach über den Oberhüttensattel nach Forstau im Pongau ein gerne begangener Pfad der Pilger und Wallfahrer war und mit dem Leonhardsweg (vgl. S. 107ff) wieder ist, liegt auf der Hand. Zum einen ist der Oberhüttensattel ein relativ leicht zu bewältigender Übergang, zum anderen ist das Tal so schön, dass selbst in sich gekehrte Pilger das Naturschöne zumindest nicht ganz übersehen können.

Der Ausgangspunkt dieser ausgedehnten Tagestour liegt bei der Rupert-Kirche auf halber Strecke zwischen Mariapfarr und Weißpriach. Wir verlassen die Kirche und gehen in nordöstlicher Richtung auf dem Au-Weg mit der Nr. 47 auf der Ostseite des Tales bis Hinterweißpriach. Bei der kleinen Kapelle und der Abzweigung zum Karnersee erreichen wir den Talboden hinunter und orientieren uns im Weiteren an der Beschilderung des Wanderweges-Nr. 771. Nach etwa zwei Kilometern biegen wir rechts ab und gehen über eine Schleife zur Seekapelle. Bei der Kapelle und dem Parkplatz biegen wir wieder in den Weg-Nr. 771 ein, der nun etwas steiler ansteigt und auf dem wir nach knapp drei Kilometern zur Weggabelung zwischen Weißpriachtal und Znachtal kommen. Ab hier liegt ein einstündiger Marsch weiter auf der Fahrstraße bis zur Abraham-Alm auf 1584 Metern vor uns. Danach geht es über einen Steig noch einmal etwa drei Kilometer und 300 Höhenmeter zum Oberhüttensattel hinauf, der auf 1866 Metern liegt. Wir gehen auf der linken Seite des Sees vor bis zur Oberhütte. Der Rückweg führt uns bis zur Ulnhütte auf der Route des Hinweges, ab dort nehmen wir den Tälerbus bis Weißpriach.

12

In Mariapfarr

Der Sonne entgegen

- **Tourcharakter:** Halbtageswanderung
- **Ausgangs- und Endpunkt:** Marienbrunnen in Mariapfarr
- **Weglänge:** 5 km
- **Gesamtdauer:** 3,5 h
- **Besonderheit:** Lehrpfad zum Thema Sonne

Es war die exponierte Lage, die Mariapfarr zu einem besonderen Ort gemacht hat. „Pforch", wie die Lungauer im Dialekt sagen, ist mit 1120 Meter schon einmal etwas erhaben über die anderen Gemeinden im sogenannten Lungauer Zentralraum, und seien es auch nur gut 50 Höhenmeter. Außerdem, und das wiegt sicherlich schwerer, liegt das sympathische Dorf am Eingang von drei Tälern in den südlichen Schladminger Tauern. Mit dem Weißpriachtal, westlich von Göriach- und Lignitztal, war Mariapfarr seit jeher mit einem bedeutenden Weg über die Niederen Tauern verbunden, der nach dem Niedergang des Römerreiches sogar zur wichtigsten Verbindung zwischen der Stadt Salzburg und dem Lungau wurde. Was lag da näher, als an diesem Ort eine Kirche zu errichten, die Jahrhunderte später zu einem beliebten Marien-Wallfahrtsort werden sollte. Das Gründungsjahr der Mutterkirche des Lungaus – „ecclesia ad lungovue" – ist mit 923 n. Chr. datiert. Entsprechend stattlich präsentiert sich die Kirche innen wie außen. Weil Mariapfarr zu guter Letzt auch noch das Glück hatte, dass Joseph Mohr, der Dichter des Weihnachtslieds „Stille Nacht, Heilige Nacht", zwei Jahre als Hilfspriester in der Gemeinde tätig war und 1816 höchstwahrscheinlich hier den Text für den weihnachtlichen Welthit verfasst hatte, ist der Ort um eine Attraktion reicher. Im Museum ist denn auch das 1995 gefundene Autograf des Liedtextes ausgestellt.

Die bevorzugte Lage hat den Ort aber nicht nur kulturgeschichtlich nach vorne gebracht. Ganz unter dem Motto, „Zähl die heit'ren Stunden nur", verkauft sich Mariapfarr als einer der sonnenreichsten Orte Österreichs und wirbt mit durchschnittlich knapp 2000 Sonnenstunden pro Jahr. So wurde der Sonne als Licht- und Wärmespender, als Urquell allen Lebens und nicht zuletzt als „Zeitdirigent" im sonnigen Mariapfarr ein Huldigungsweg errichtet. Österreichs erster Lehrpfad zum Thema Sonne umfasst eine Strecke von vier Kilometern und informiert Erwachsene wie Kinder auf neun Tafeln über die Bedeutung der Sonne für den Menschen und über unseren Blick auf sie.

Wir beginnen mit unserer Kulturwanderung in der reich ausgestatteten Kirche von Mariapfarr, die für ihre 1946 freigelegten Fresken vom Übergang des 13. ins 14. Jahrhundert bekannt ist. Ikonografisch von besonderer Bedeutung ist die Darstellung einer Schutzmantelmadonna mit Schmerzensmann. Dabei handelt es sich um eine Darstellung Mariens, die ihren Mantel schützend über betende Gläubige hält, und ein Jesuskind auf dem Arm hat, das bereits von den Wundmalen gezeichnet ist. Insgesamt handelt es sich dabei um eine Mariendarstellung, die zum einen auf die Leidensgeschichte Jesu verweist und zum anderen auf den umfassenden Schutz, den Maria allen Menschen zuteil werden lässt. Anschließend besuchen wir das benachbarte Pfarr- und Wallfahrtsmuseum mit einem eigenen Ausstellungsraum für Joseph Mohr, den Verfasser von „Stille Nacht, Heilige Nacht", dessen Text im Mai 2011 zum immateriellen UNESCO-Kulturerbe erklärt wurde. Mohrs Vorfahren stammen übrigens aus dem Lungau.

Nach dem Besuch des Museums halten wir uns links, bis wir zum Marien-Brunnen an der Ostseite der Kirche, dem Ausgangspunkt des Sonnen-Lehrpfades, kommen. Ab hier orientieren wir uns an der Beschilderung des Lehrpfads, der so angelegt ist, dass wir, unterhalb der Volksschule vorbei, in einem großen Bogen über die Ortschaften Niederrain, Zankwang und Örmoos wandern und schließlich wieder zur Kirche zurückkehren.

Hinauf zum Karnersee

Der Zwerg unter den Lungauer Bergseen

- **Tourcharakter:** Halbtagestour
- **Ausgangs- und Endpunkt:** Hinterweißpriach
- **Weglänge:** 10 km
- **Gesamtdauer:** 4 h
- **Höhenunterschied:** 750 hm
- **Besonderheit:** Leichte Familienwanderung

Es ist das Temperament der Lonka oder Longa, je nachdem auf welche Schreibweise man sich verständigt, das dem Weißpriachtal seinen unverwechselbaren Charakter gibt. „Lonka" bedeutet „die Gekrümmte", was auf die zahlreichen Mäander verweist, die sie sich im Lauf der Zeit geschaffen hat – oder auch er, denn statt von der Lonka kann auch vom Weißpriachbach die Rede sein. Dass das Weißpriachtal aber auch neben und über den temperamentvollen Bach und einer entsprechenden Flusslandschaft hinaus viel Reizvolles zu bieten hat, dafür gilt die Wanderung hinauf bis zum Karnersee als schönes Beispiel.

Der Ausgangspunkt dieser leichten Familienwanderung ist in Hinterweißpriach bei einer kleinen Kapelle, etwa zwei Kilometer von Weißpriach taleinwärts. Der kleine Parkplatz und die Markierungstafel sind nicht zu verfehlen. Auf dem Forstweg geht es vier Kilometer kontinuierlich leicht bergauf und abschnittweise immer wieder durch den Wald. Beim Gurpitschbach verlassen wir den Forstweg und kommen über einen Steig auf einen weitflächigen Almboden. Auf dem Weg zum kleinen See passieren wir die Hütte der nicht bewirtschafteten Karneralm. Von dort brauchen wir noch eine halbe Gehstunde, bis wir schließlich den kleinen See am Fuße des Großen Gurpitscheck erreichen. Für den Rückweg nehmen wir dieselbe Strecke.

Auf dem Weg zur Zinkwand

Abenteuer im Berg

- **Tourcharakter:** Tagestour
- **Ausgangs- und Endpunkt:** Parkplatz in Weißpriach
- **Weglänge:** 13 km
- **Gesamtdauer:** 8 h
- **Höhenunterschied:** 1200 hm
- **Besonderheit:** Stollen nur mit Taschenlampe betreten

Wie beschwerlich der Bergbau in dieser Region einst gewesen sein muss, veranschaulicht allein die Höhe des Stolleneingangs auf 2240 Meter sehr nachdrücklich. Für den Transport von Holz und anderen notwendigen Gütern wurden Maultiere eingesetzt, den Abtransport der Erze bis zur Schmelzanlage am Eingang des Znachtals erledigten die Knappen meist selbst. Abgebaut wurden Kobalt, Nickel und Wismut – aber nicht Zink, wie der Name der Zinkwand fälschlicherweise vermuten ließe. Vielmehr geht der Name auf die vielen Zacken zurück, auch Zinken genannt, die die Wand charakterisieren.

Wir beginnen unsere nicht ganz einfache Tageswanderung beim Parkplatz vor dem Schranken auf einer Höhe von 1276 Metern. Anschließend marschieren wir vom Parkplatz ein kurzes Stück talauswärts und biegen dann links – in östlicher Richtung – auf den rot-weiß markierten Weg Nr. 771 ins Znachtal ab. Auf geschottertem Forstweg geht es mäßig ansteigend eine gute Stunde den Znachbach entlang ins Hochtal hinein. Hinter der Greinmeisteralm – unserem ersten Etappenziel – biegen wir rechts auf den kleinen Steig ab und folgen dem Hinweisschild „Zinkwand", auf dem wir bis zum Talschluss bleiben, wobei aus den Almwiesen nach und nach steiniges Gelände wird. Ab hier sind die Spuren des einstigen Bergbaugebiets nicht mehr zu übersehen. Der Steig entlang des Montanlehrpfads ist stellenweise mit Seilen gesichert und führt schließlich über Leitern hinauf zum Stolleneingang, der sich auf 2240 Meter befindet. Im niedrigen Stollen wird die Zinkwand in etwa einer Viertelstunde durchquert. Wenn wir wieder ins Freie treten, geht der erste Blick zur Keinprechthütte, die auf der Pongauer Seite liegt, hinunter. Nun heißt es, auf einem sehr schmalen Steig, der sich der Flanke entlang nach rechts zieht, auf den Gipfel der Zinkwand zu wandern. Der Abstieg ist sehr steil, und als Orientierungshilfen eignen sich die zahlreich aufgetürmten „Steinmandln". Zum Bach hinunter halten wir uns rechts und kommen schließlich zu einer Schautafel, wo wir auf den Weg zur Greinmeisteralm treffen. Ab hier entspricht der Rückweg dem Hinweg. Wer sich den steilen Abstieg von der Zinkwand ersparen will, macht im Stollen kehrt und geht über den Steig des Montanlehrpfads zurück.

Im Lignitztal

Eine Welt für sich

- **Tourcharakter:** Kombinierte Rad- und Fußwanderung
- **Ausgangs- und Endpunkt:** Mariapfarr
- **Weglänge:** 25 km
- **Gesamtdauer:** 5 h
- **Höhenunterschied:** 850 hm
- **Besonderheit:** Spröde bis herbe Almlandschaft

Fragt man im Lungau nach dem Lignitztal, kann es durchaus vorkommen, dass man die Frage ein zweites und womöglich sogar ein drittes Mal stellen muss. Der Grund dafür, wie könnte es anders sein, ist der Dialekt. Wer das nur mit Almen besiedelte Tal sucht, sollte nach „Linaz" fragen, denn so heißt es bei den Einheimischen. Das Lignitztal ist anders als das Weißpriachtal im Westen und das Göriachtal im Osten. Weil schon der Talanfang etwa 200 Meter höher liegt, ist es insgesamt kürzer und enger. Infolge der topografischen Eigenheiten ist es dann auch bis auf drei Bauernhöfe am Talanfang nicht besiedelt. So gehört das Lignitztal quasi sich selbst, den Tieren auf den Almen und den Liebhabern einer Landschaft, die eher zum Spröden denn zum Lieblichen neigt. Weil der Aufstieg zur Lignitzhöhe weitgehend leicht zu bewältigen ist, war sie früher, vor allem für die Wallfahrer, ein beliebter Übergang in den Pongau.

Wir starten diese kombinierte Tour mit dem Fahrrad in Mariapfarr. Von dort geht es in nordöstlicher Richtung nach Kraischaberg, wo wir nach drei Kilometern bereits über 200 Höhenmeter geschafft haben. Ab hier liegen noch gut sechs Fahrkilometer auf einer Schotterstraße fernab aller Zivilisation vor uns, die uns bei geringer Steigung an einer Reihe von Almen vorbeiführt, die letzte von ihnen ist die Hintere Lignitzalm, wo nicht nur für alle Vierräder, sondern auch für die Zweiräder Schluss ist. Danach geht es nur noch zu Fuß weiter. Während uns der Lignitzbach vom Talanfang bis zu den Almen begleitet hat, scheint er jetzt plötzlich verschwunden zu sein. Bei genauem Hinhören kann man aber den unterirdischen Verlauf orten. Nach der Alm geht es auf einem Steig weiter, der schnell steil wird. Eine knappe halbe Stunde später kommen wir an der Abzweigung zum 2638 Meter hohen Hocheck vorbei, der Weg dort hinauf ist erfahrenen Alpinisten vorbehalten. Bis zum Ziel unserer Fußwanderung, dem auf 1965 Meter gelegenen Lignitzsee, sind nach der Abzweigung noch gut zwei Kilometer und etwas mehr als 200 Höhenmeter zu überwinden. Zuerst geht es noch durch den Hochwald, dann erreichen wir eine weite Almwiese und haben ab hier den Talschluss mit der Lignitzhöhe vor Augen. Bevor wir endgültig an dem kleinen, idyllisch in einer Mulde liegenden See angekommen sind, gilt es noch eine kurze Steigung zu überwinden. Zur Orientierung: Südwestlich des Sees liegt der 2614 Meter hohe Hundstein der bis zu einem gewaltigen Felssturz im Jahre 1768 der höchste Berg des Lungaus gewesen sein soll. Der Rückweg entspricht dem Hinweg.

Vom Almdorf zu den Landawirseen

Bergidylle zwischen Almen und Seen

- **Tourcharakter:** Tagestour
- **Ausgangs- und Endpunkt:** Parkplatz Almdorf Hintergöriach
- **Weglänge:** 10 km
- **Gesamtdauer:** 6 h
- **Höhenunterschied:** 650 hm
- **Besonderheit:** Rundherum Wasserfälle

Das Almdorf in Hintergöriach stellt sich entweder als eine Ansammlung von Almhütten dar oder als eine Postkarten-Idylle, wie sie kaum anderswo zu finden ist. Die neun Almhütten, zwei davon werden gastronomisch genutzt, stehen ziemlich eng beieinander und verdanken ihren Standort der lawinensicheren Tallage. Welch bedeutende Rolle das Wasser bei der

Formung dieser Berglandschaft spielt, lässt sich an den unterschiedlichen Formen und Einkerbungstiefen der größeren und kleineren Wasserfälle erkennen. Ein intensives Erlebnis stellt sich aber auch dann ein, wenn man sich nur auf das Geräusch des Wassers konzentriert und erst beim See oben die Konzentration wieder vom Hören aufs Sehen legt.

Diese Tagestour beginnt beim Parkplatz vor dem Almdorf in Hintergöriach, gleichzeitig auch die Endstation des Tälerbusses. Wir gehen durch das Almdorf und danach noch ein gutes Stück auf einem fast ebenen Gehweg, den ein paar Bäume säumen. Auf der rechten Seite rauscht der Göriachbach an uns vorbei. Nach etwa 20 Minuten schwillt das Rauschen immer mehr an und ein Blick nach rechts oben verrät den Grund: ein Wasserfall. Dass es jetzt auch rasch steiler zur Sache geht, liegt in der Natur der Dinge, sprich in der Topografie des Tals. Auf der Talstufe oben angekommen, präsentiert sich uns die Vordere Zugriegelalm, das erste Etappenziel. Der nächste Abschnitt in den Göriachwinkel hinein geht sehr entspannt den Gehweg entlang, auf dem einem hin und wieder Kühe begegnen. So kommen wir an der Hinteren Zugriegelalm vorbei, längst schon verfallen und nur mehr ein morscher Bretterhaufen. Während

sich westlich das Hafensteinkar zur 2481 Meter hohen Rotsandspitze hinaufschiebt und nach Norden hin die Samspitze den Winkel abschließt, liegt östlich des Baches das Neumannkar, das vom mächtigen, 2862 Meter hohen Hochgolling überragt wird. Damit sind wir auch schon beim zweiten Etappenziel, der Abzweigung zum Hochgolling, angelangt. Für die Besteigung des höchsten Berges in den Niederen Tauern bedarf es einiger hochalpiner Erfahrung. Wir marschieren weiter zu den beiden Landwirseen hinauf. Diese dritte und letzte Etappe hat es dann doch in sich, da sich der Weg oberhalb des Kessels an manchen Stellen etwas zäh gestaltet. Besonders an Schönwettertagen sollte darauf geachtet werden, diesen Abschnitt nicht in der prallen Mittagssonne zu gehen. Nach einer Dreiviertelstunde steht die Landawirseehütte einladend vor uns. Allein schon die Sonnenterrasse mit Blick zum Hochgolling, dem höchsten Berg der Niederen Tauern, ist ein guter Grund zum Einkehren. Zuerst gehen wir aber noch den kurzen Weg von fünf Minuten und schauen auf den unteren der beiden Seen. Im Weiteren bietet sich ein insgesamt halbstündiger Abstecher zum oberen See an, dessen Ablauf über einen kleinen Wasserfall in den unteren fließt. Von der Hütte gehen wir auf demselben Weg zum Almdorf und weiter zum Parkplatz zurück.

Die Landawirseehütte heißt Sie herzlich willkommen. Inmitten einer idyllischen Almlandschaft gelegen, werden Sie mit kräftigen Suppen und deftigen Brettljausen verköstigt. Neben Blutwurstgröstl und Kasnocken sind die Bauernkrapfen besonders gefragt. Geöffnet vom 15. Juni bis 1. Oktober; Zimmer und Lager für 65 Personen.

Landawirseehütte, Schützhütte des OeAV
5574 Göriach, Tel. 0676/7785375,
gerald.zehner@aon.at, www.landawirseehuette.at

17

Zwischen Göriach und Lessach

Jedes Tal ein eigener Kosmos

- **Tourcharakter:** Radtour
- **Ausgangspunkt:** Hintergöriach
- **Endpunkt:** Lessach
- **Weglänge:** 18 km
- **Gesamtdauer:** 3 h
- **Höhenunterschied:** 750 hm
- **Besonderheit:** Täler übergreifende Tour

Göriach und Lessach sind nicht nur die jeweiligen Orte in den gleichnamigen Tälern im Süden der Schladminger Tauern, sondern auch die Gemeindegebiete heißen so. Diese erstrecken sich nördlich von Mariapfarr und St. Andrä bis hinauf zum Hauptkamm der Niederen Tauern und grenzen damit an die Steiermark. Die Siedlungsgeschichte des Lungaus hat es mit sich gebracht, dass sich im vorderen Drittel der jeweiligen Täler eine Ansiedlung entwickelt hat, die ein paar Kilometer taleinwärts mit einer kleinen Hinter-Ortschaft abgeschlossen wird. Obwohl sich die Täler in ihrer Grundstruktur durchaus ähnlich sind, prägt sie doch ein jeweils eigenständiger Charakter. Verbindungen zwischen den Tälern gibt es nur vereinzelt und wenn, dann sind es Wanderwege. Die schon mehrmals beschriebene Abgeschiedenheit der einzelnen Lungauer Tauerntäler hat selbstverständlich zu einer Ausdifferenzierung der kulturgeschichtlichen Entwicklung geführt. Jedes Tal ist anders und – wenn man so will – eine eigene Welt. Besucht man in Lessach den Friedhof und staunt über die schwarzen Holzeinrahmungen der Gräber, „Sarchen" genannt, wird einem die Unterschiedlichkeit der Tal-Kulturen sehr deutlich vor Augen geführt, denn in Göriach sind die Gräber wie sonst auch im Lungau gestaltet. Mit den einheitlich schwarzen Einrahmungen soll darauf verwiesen werden, dass im Tod alle Menschen, unabhängig von Stand, Herkunft, Geschlecht und Alter, gleich sind. Nicht dass dieser Blick auf die Vergänglichkeit der menschlichen Natur nur in Lessach so ins Bewusstsein dringt. Das sieht man auch in den anderen Tälern so, in Lessach hat man dafür aber einen ebenso deutlichen wie ästhetisch gelungenen Ausdruck gefunden. Eine der wenigen Möglichkeiten eines Täler überschreitenden Übergangs gibt es zwischen den beiden Gemeinden Göriach und Lessach, wenn auch nur für Wanderer und Radfahrer.

Wir starten mit der durchaus ambitionierten Radtour in Hintergöriach, wo wir bei der einzigen Kreuzung nach rechts abbiegen und auf der Ostseite des Tales zuerst in kürzeren und dann in ausladenden Serpentinen von 1250 Meter auf 1839 Meter den Weg Nr. 21 hinaufradeln. Weiter geht es in südwestlicher Richtung bis zu einer Kreuzung, an der wir uns rechts halten und in südlicher Richtung über den Wiesenberg fahren. Kurz bevor die Straße bei einem Bauernhof endet, biegen wir scharf nach links ab und fahren in weiten Kehren ins Tal, nach Lessach-Oberdorf hinunter.

18

Ins hintere Lessachtal

Bäume im Bach

- **Tourcharakter:** Halbtagestour
- **Ausgangs- und Endpunkt:** Hinterlessach, Mautstelle
- **Weglänge:** 13 km
- **Gesamtdauer:** 4 h
- **Höhenunterschied:** 100 hm
- **Besonderheit:** Der Landschitzwasserfall als Höhepunkt

Im Süden der Schladminger Tauern ist die Sonne zu Hause. Mit knapp unter 2000 Sonnenstunden im Jahr, wie in Mariapfarr, zeigt sie, was sie kann. Aber es gibt sie auch hier, die Regentage. Vor allem der August zeigt sich zumindest tageweise gerne von seiner unfreundlichen Seite. Um die Landschaft der Lungauer Täler mit all ihren Gesichtern und in möglichst vielen Facetten kennenzulernen, sollte jegliche Scheu vor einer Regenwanderung abgelegt werden, ganz unter dem Motto „Es gibt allenfalls schlechte Kleidung, aber niemals schlechtes Wetter." Wenn es sich dann auch noch fügt, dass der Regentag auf einen Sonnentag folgt und Nebelschwaden das Tal fast gespenstisch einhüllen, ist die Stunde für eine „Pflichtwanderung" im Regen quasi eingeläutet. Während die Sonne einer Landschaft allenfalls in den Stunden der Dämmerung etwas Geheimnisvolles gibt, schaffen Regen und Nebel das binnen kurzer Zeit und vor allem sehr nachhaltig. Wanderungen bei strahlendem Sonnenschein prägen sich bedeutend weniger in unsere Erinnerung ein als derselbe Weg bei Regen.

Wir beginnen diese Wanderung in Hinterlessach vor der Mautstelle, wo wir die Straße verlassen und auf einem Forstweg den Bach entlang nach Norden gehen. Die Lessach ist auf diesem Abschnitt ein naturnahes Gewässer, das sich in zahlreichen Mäandern den Weg talauswärts bahnt. Die dabei entstandenen vielen kleinen Inseln wirken wie verwunschene Stellen aus einer Zauberlandschaft. Mittlerweile sind wir auch schon in der Schutzzone des Landschaftsschutzgebietes Niedere Tauern angekommen. Wo sich der Bach über Felskanten stürzt und durch Schluchten rauscht, führt uns der Weg zurück auf die Fahrstraße, der wir bis zum Parkplatz folgen. Danach orientieren wir uns an dem Hinweisschild „Wasserfallrundweg", dem wir gegen den Uhrzeigersinn folgen. Nach einer guten Viertelstunde stehen wir vor dem Landschitz-Wasserfall, wo der gleichnamige Bach mit dem Wasser aus den Landschitzseen herabstürzt. Aus dem Tal zurück geht es auf dem gleichen Weg, den wir hinein genommen haben. Die andere Perspektive verdoppelt die Eindrücke noch einmal.

19

Auf den Lachriegel

Freier Blick zwischen Preber und Großem Hafner

- **Tourcharakter:** Tagestour
- **Ausgangs- und Endpunkt:** Lessach
- **Weglänge:** 9 km
- **Gesamtdauer:** 6 h
- **Höhenunterschied:** 900 hm
- **Besonderheit:** Schnell erreichbare Weitsichten

Der Lachriegel ist für die Lungauer trotz seiner 2132 Meter nur ein „Grasmugl", ein mit Gras bewachsener Hügel. Vielleicht wird der den Schladminger Tauern vorgelagerte Berg in Lessach deshalb so wenig bestiegen. Als Aussichtsberg ist er jedenfalls unübertroffen. Und wer ohne weite Anfahrt durch eines der Täler schnell auf einen Zweitausender hinauf will, für den ist der Lachriegel wie geschaffen. Bei guter Fernsicht geht der Blick vom Preber über Tamsweg zur Wallfahrtskirche St. Leonhard und die Mur flussaufwärts nach Westen bis zum Großen Hafner, der als Dreitausender aus dem Nationalpark Hohe Tauern grüßt.

Wir starten mit unserer Tagestour beim Parkplatz Wagenberg, der bereits auf einer Seehöhe von 1402 Metern liegt. Diesen erreichen wir, indem wir im Unterdorf von Lessach rechts abbiegen. Nach dem Sportplatz fahren wir über den Lessachbach und halten uns rechts, bis wir zu einer Kapelle kommen, vor der wir den Weg links hinein nehmen und im Weiteren bis zum Parkplatz fahren. Rechts vom Bauernhof, zweigt der rotweiß markierte Steig ab. Er führt uns an Zäunen entlang durch den Golzgraben. Der rauschende Bach ist unser Begleiter. Etwa auf einer Höhe von 1700 Metern überqueren wir schließlich den Graben und damit auch den gleichnamigen Bach. Nach dem Übersteigen eines Zaunes kreuzen wir mehrmals den Forstweg und kommen auf eine Almwiese. Damit sind wir endlich in freiem Gelände, und es öffnet sich der Blick nach oben in Richtung Lachriegel und Golzalm sowie nach unten in Richtung Tamsweg. Anschließend geht es wieder auf einem Steig einigermaßen steil hinauf, und bei knapp 2000 Meter haben wir die Waldgrenze erreicht. Für die letzte Etappe auf den 2132 Meter hohen Gipfel bleiben wir weiter auf dem Steig, der sich nun nach links dreht. Ist man zur richtigen Zeit, nämlich Anfang Juli, unterwegs, kann man sich an den üppigen Almrauschflächen gar nicht genug sattsehen. Da gerät selbst die ausladende Kandelaberlärche etwas ins Hintertreffen.

Zu den drei Landschitzseen

Viel Ruhe und noch mehr Wasser

- **Tourcharakter:** Tagestour
- **Ausgangs- und Endpunkt:** Parkplatz Laßherofalm
- **Weglänge:** 13 km
- **Gesamtdauer:** 7 h
- **Höhenunterschied:** 800 hm
- **Besonderheit:** Grandiose Kulisse mit Hochgolling

Die Parade der Lungauer Bergseen stellt durchaus eine Herausforderung dar. Wobei damit nicht so sehr der Weg zu den jeweiligen Seen gemeint ist, sondern vielmehr die Qual der Wahl und letztlich die Kür, welcher der Seen in der persönlichen Beliebtheitsskala ganz oben steht. Ein bisschen verhält es sich auch wie beim Sammeln von Trophäen. Die Tour zu den drei Landschitzseen punktet in mehrfacher Hinsicht:

Zum einen führt der Weg zu ihnen durch das Lessachtal, das zu den beliebtesten Tälern im Lungau zählt, zum anderen wird der Aufstieg von zwei Wasserfällen umrahmt und schließlich präsentieren sie sich gleich zu dritt. Wenn das Wetter mitspielt, spiegelt sich im obersten der drei Seen sozusagen als Draufgabe auch noch der König der Niederen Tauern, der 2862 Meter hohe Hochgolling, dessen Erstbesteigung bereits am 8. August 1791 stattfand.

Der Startpunkt dieser Tagestour ist der Parkplatz bei der Laßhoferalm im hinteren Lessachtal auf 1270 Meter. Zuerst geht es auf der geschotterten Forststraße taleinwärts, bis nach ein paar hundert Metern die Abzweigung nach rechts zu den Landschitzseen kommt. Zum Auftakt der Wanderung durch das tief eingeschnittene Hochtal stehen wir bereits zehn Minuten später vor einem spektakulären Wasserfall, den der Landschitzbach mit dem Wasser aus den drei Seen speist. Auf dem Weg Nr. 784 geht es dann zuerst etwas mühsam über Stock und Stein hinauf bis zur Oberen Bacheralm, unserem ersten Etappenziel auf knapp 1700 Metern. Weiter führt der Weg über den ausgedehnten Almboden, wo wir etwa auf halber Höhe zwischen der Alm und dem unteren der drei Seen zu einem weiteren Wasserfall gelangen. Darüber erhebt sich der 2661 Meter hohe Zischken. Bei der Weggabelung angekommen, halten wir uns rechts und wandern etwas bergab in südöstlicher Richtung zum Unteren Landschitzsee, der auf 1778 Meter liegt und nicht nur der größte, sondern auch der dunkelste unter den dreien ist. In der Länge misst er 500 und in der Breite 250 Meter. Auf dem Weiterweg passieren wir eine Holzbrücke, um danach die ziemlich steilen 150 Höhenmeter bis zum mittleren Landschitzsee hinter uns zu bringen. Wir gehen an der rechten Seite des tief eingeschnittenen Sees – er ist der kleinste der drei – gemächlich bergab, um danach durch Felder von Almrausch unser viertes Etappenziel und gleichzeitig das Ziel der Wanderung, den oberen See auf 2060 Metern zu erreichen. Der kleine See ist auf der Suche nach einem optimalen Rastplatz inmitten von Wollgras rasch umrundet.

Von der Leichtigkeit des Essens

Vor dem „Erdapfel" war es die Bohne, die die Lungauer satt machte. Obwohl die erste urkundliche Erwähnung der Erdäpfel im Lungau, die erst später „Eachtling" genannt wurden, sich schon bei Lorenz Hübner, dem ersten Redakteur einer Salzburger Tageszeitung, in seiner 1796 erschienenen Schrift „Reise durch das Erzstift Salzburg zum Unterricht und Vergnügen" finden, wurde mit dem Anbau erst im ausgehenden 19. Jahrhundert begonnen. Hübners Vorschlag, dass zu jedem Haus ein Kartoffelacker gehören sollte, verhallte nicht ungehört. Dass der Erdapfel, also die Kartoffel, im Lungau in jedem Tal etwas anders ausgesprochen wird, stellt an sich noch keine Besonderheit dar, da die Kartoffel seit ihrem Siegeszug als Grundnahrungsmittel unzählige regionalspezifische Namen bekommen hat. Das wirklich Besondere sind die klimatischen Verhältnisse und die Bodenbeschaffenheit. Die Anbauflächen des Eachtlings liegen zwar auf einer Höhe zwischen 1000 und 1500 Meter, werden jedoch durch das kontinentale Klima günstig beeinflusst. Dazu zählen die äußerst sonnenreichen Sommer und der große Unterschied zwischen den Tages- und Nachttemperaturen. Außerdem ist der Lungau sehr windarm. Optimal für die besonders schmackhaften Sorten sind darüber hinaus die naturbelassenen, humushaltigen und sandigen Böden. Um einen möglichst hohen Ertrag zu erzielen, werden Kartoffeln nur mehr selten in so großen Höhen wie im Lungau angebaut. Auf Teneriffa und Madeira wachsen sie sogar unter Palmen und neben Bananengärten. Weltweit gibt es aktuell etwa 5000 Kartoffelsorten, die im Internationalen Kartoffelinstitut in Lima, Peru, registriert und katalogisiert sind. Da nehmen sich die zehn Eachtling-Sorten, die 2011 auf 150 Hektar angebaut wurden, richtig mickrig aus, obwohl so schöne Namen darunter sind wie Husar, Nicola, Ostara, Jaerla, Laura und Desiree – alle vorwiegend festkochend. Neben 200

Tonnen Futterkartoffeln und 400 Tonnen Pflanzgut kommen 400 Tonnen Speisekartoffeln in den Handel, wobei zwei Drittel über den Lebensmitteleinzelhandel vermarktet werden. Der Rest wird ab Hof verkauft. Wenn von August bis Mitte Oktober geerntet wird, können sich Interessierte auch als Erntehelfer verdingen und bekommen dafür nicht nur ein schmackhaftes Gericht serviert, sondern auch noch viele Tipps und Hinweise, was aus dem mittlerweile ebenso bekannten wie beliebten Eachtling alles zubereitet werden kann, von der Suppe bis zum Kuchen.

Wenn der Erdäpfelacker abgeerntet ist, fahren die Lungauer Bauern um den Rupertitag, dem 24. September, „aus der Alm", wie sie zum Almabtrieb sagen. Zeit zum „Schafaufbratln", wobei in gemütlicher Runde Schöpsernes, Lammfleisch mit Eachtling aufgetragen wird. Zum Almabtrieb wird auch Rahmkoch verteilt, eine Süßspeise, die es nur im Lungau gibt und in der Hauptsache aus Mehl, Butter, Rahm und Zucker besteht. Keine leichte Sache, aber das Aus-der-Alm-Fahren ist auch kein Honigschlecken, noch dazu, wenn das Wetter nicht mitspielt. Aber was ist schon leicht, wenn vom Essen die Rede ist. Satt zu werden ist das erste Gebot. Und das Sattsein will auch wahrgenommen werden. Landläufig sind die Portionen im Lungau eher groß und zuweilen mächtig. Manchmal vertreibt die Größe sogar den Appetit, noch ehe das Essen gekostet wurde. Freilich geht es auch anders, und ein gutes Dutzend Lungauer Köchinnen und Köche verwehren sich zu Recht gegen diese Verallgemeinerung.
Aber wie das so ist, eine Lacke macht noch kein Meer und ein Schnittlauch keinen Kräutergarten.

Von der Leichtigkeit des Essens

Weil der Mensch nicht alles aus eigenem Antrieb erkennen und verändern kann, braucht es Vordenker, Vorreiter, Vorbilder und zuweilen auch Vorkocher. Einer dieser Vorkocher im Lungau heißt Josef Steffner-Wallner. Gemeinsam mit seiner Frau Maria betreibt er seit ein paar Jahren das Restaurant „Mesnerhaus" in Mauterndorf und geht sehr behutsam vor, wenn es gilt, den Einheimischen die Schwellenangst vor der Haubenküche, die auch mit einem Michelin-Stern ausgezeichnet wurde, zu nehmen. Josef Steffner-Wallner wurde im Lungau geboren, hat die Berge, die tatsächlichen und die imaginierten, überwunden, war im Ausland tätig und ist wieder nach Hause zurückgekehrt. Das Alte mit dem Neuen zu verbinden, nach neuen Wegen zu suchen, ohne die alten ganz zu verlassen, das prägt auch seinen Küchenstil. Er beschreibt es so: „Ich lasse traditionelle und moderne österreichische Küche in immer neuen Beziehungen aufeinandertreffen." Die Qualität der Produkte muss nicht nur stimmen, sie muss gut sein, wie die Gerichte authentisch zu sein haben, damit die Gäste als Freunde wiederkommen. Wenn das Leben auf dem Teller kulinarisch gesehen ein Abbild der eigenen Welt ist, dann kann kaum etwas schiefgehen.

Eine ähnliche Sicht auf die Dinge des Kochens zeichnet Walter Trausner aus, der schräg gegenüber vom Mesnerhaus seine Genusswerkstatt betreibt. Der Zuckerbäcker aus Leidenschaft hat sich den Früchten verschrieben und darf sich zu Österreichs experimentierfreudigsten „Einkochern" zählen. Wobei das mit dem Einkochen so eine Sache ist. Die Variante: möglichst viel Zucker und möglichst lange kochen lassen, damit sich die Marmelade in Kellern und Vorratskästen möglichst lange hält, ist zwar längst überholt, aber noch nicht ganz aus dem Bewusstsein verschwunden. Dass das alles ganz anders ausschauen kann und noch dazu mit weniger Aufwand verbunden ist, wird Walter Trausner nicht müde zu betonen. Dabei ist auch er ein ewig Suchender nach den besten Produkten, Zutaten und Gewürzen sowie nach immer neuen Verarbeitungsmethoden seines Herzensproduktes, dem Zucker. Neben Marmeladen produziert er „PocketGelly", das sind von Hand gemachte Geleewürfel mit Aromen von Bergminze, Enzian, Organic Kola oder Zimt, um nur eine kleine Auswahl zu nennen. Neu im Angebot ist das ebenfalls von Hand gemachte, orientalisch anmutende Mandelkonfekt. Die Ideen sprudeln und der Kupferkessel glüht.

Fast eine Stadt

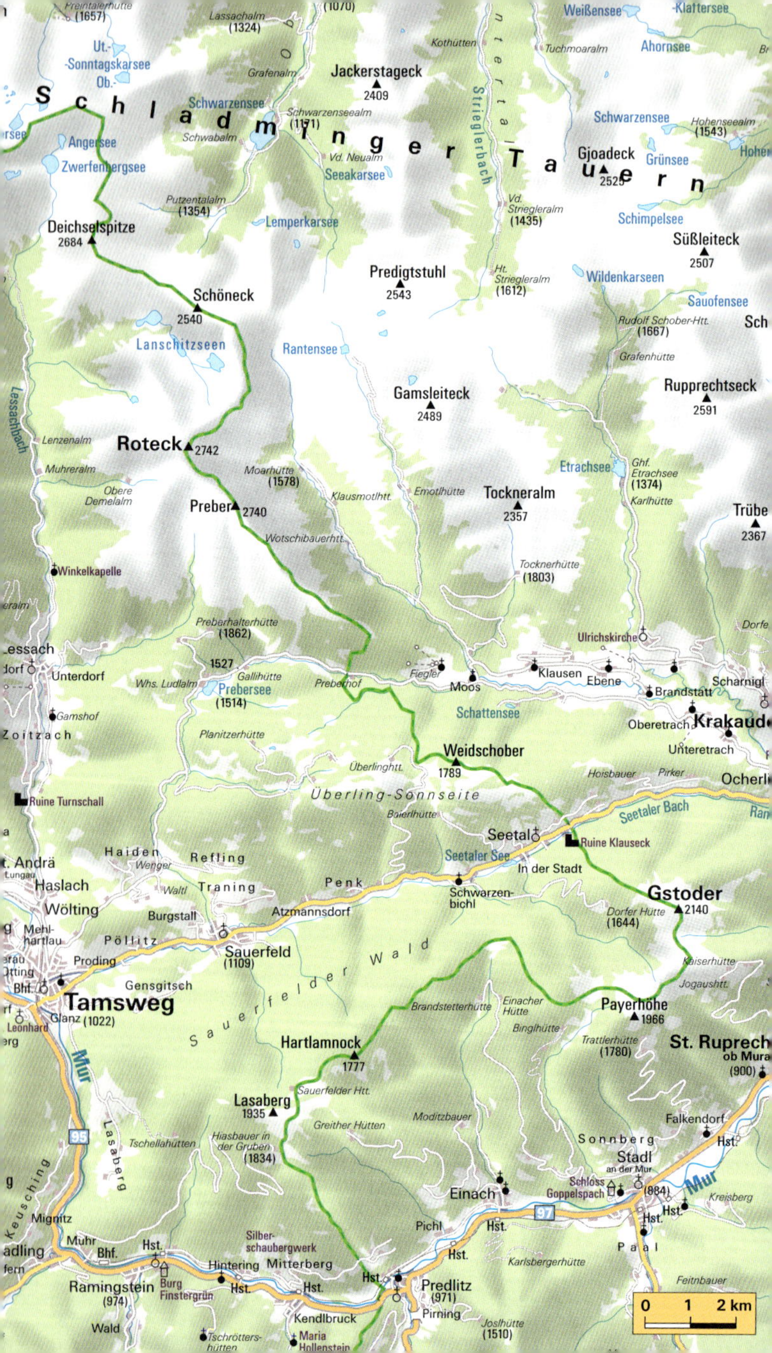

Schladminger Tauern
Preintalerhütte (1657)
Ut.-Sonntagskarsee
Ob.
Lassachalm (1324)
Grafenalm
Jackerstageck
2409
Kothütten
Weißensee
Klattersee
Tuchmoaralm
Ahornsee
Schwarzensee
Schwarzenseealm (1171)
Schwabalm
Angersee
Zwerfenbergsee
Vd. Neualm
Seeakarsee
Strieglerbach
Schwarzensee
Hohenseealm (1543)
Gjoadeck
2525
Grünsee
Putzentalalm (1354)
Lemperkarsee
Vd. Strieglerlalm (1435)
Schimpelsee
Deichselspitze
2684
Predigtstuhl
2543
Ht. Strieglerlalm (1612)
Wildenkarseen
Süßleiteck
2507
Schöneck
2540
Lanschitzseen
Rantensee
Sauofensee
Rudolf Schober-Htt. (1667)
Grafenhütte
Gamsleiteck
2489
Rupprechtseck
2591
Lessachbach
Lenzenalm
Roteck
2742
Muhreralm
Moarhütte (1578)
Etrachsee
Ghf. Etrachsee (1374)
Karlhütte
Obere Demelalm
Preber
2740
Klausmotlhtt.
Emotlhütte
Tockneralm
2357
Trübe
2367
Wotschibauerhtt.
Winkelkapelle
Tocknerhütte (1803)
Preberhalterhütte (1862)
Ulrichskirche
Lessach
Unterdorf
1527
Gallihütte
Whs. Ludlalm
Prebersee (1514)
Preberhof
Fiegler
Moos
Klausen
Ebene
Brandstatt
Scharnigl
Gamshof
Schattensee
Oberetrach
Krakaudorf
Zoitzach
Planitzerhütte
Weidschober
1789
Unteretrach
Überlinghtt.
Hoisbauer
Pirker
Ocherl
Ruine Turnschall
Überling-Sonnseite
Baierlhütte
Seetaler Bach
Seetal
Ruine Klauseck
Haiden
Wenger
Refling
Seetaler See
In der Stadt
St. Andrä
Lungau
Haslach
Waltl
Traning
Penk
Schwarzenbichl
Gstoder
2140
Wölting
Burgstall
Atzmannsdorf
Dorfer Hütte (1644)
Mehlhartlau
Pöllitz
Sauerfeld (1109)
Sauerfelder Wald
Proding
Kaiserhütte
Bhf.
Gensgitsch
Jogaushtt.
Tamsweg
Glanz (1022)
Brandstetterhütte
Einacher Hütte
Payerhöhe
1966
Leonhard
Binglhütte
Trattlerhütte (1780)
St. Ruprecht ob Murau (900)
Mur
Hartlamnock
1777
Sauerfelder Htt.
Lasaberg
1935
Moditzbauer
Falkendorf
95
Lasaberg
Tschellahütten
Hiasbauer in der Gruben (1834)
Greither Hütten
Sonnberg
Hst.
Stadl an der Mur
Keusching
Schloss Goppelspach
(884)
Mur
Einach
Kreisberg
Mignitz
97
Hst.
Pichl
Hst.
Muhr
Bhf.
Hst.
Silberschaubergwerk
Hst.
Paal
Karlsbergerhütte
Hintering
Mitterberg
Ramingstein (974)
Burg Finstergrün
Hst.
Hst.
Hst.
Predlitz (971)
Feitnbauer
Kendlbruck
Pirning
Wald
Tschrötterhütten
Maria Hollenstein
Joslhütte (1510)
0 1 2 km

Zwischen Tamsweg und Preber

Die Marktgemeinde Tamsweg mit jahrhundertelanger Tradition ist nicht nur der Hauptort des Lungaus, sondern auch sein wirtschaftliches und kulturelles Zentrum. Die gediegenen Bürgerhauser auf dem Marktplatz und in den angrenzenden Gassen spiegeln die lange Geschichte dieses wichtigen Handelsplatzes wider, wo vor allem mit Eisen, Salz und Speik gehandelt wurde. Der echte Speik, dessen Name sich von „spica celtica“, was übersetzt „Ähre der Kelten“ bedeutet, ableitet, zählt zur Gattung der Baldriangewächse. Die weiß blühende Pflanze ist an ihrem starken Baldriangeruch leicht zu erkennen. Aus den Wurzeln werden ätherische Öle gewonnen, die als Gewürz- und Heilmittel sowie als Fischköder und gegen Motten Verwendung fanden. Speik gedeiht nur auf kalkfreien Böden in einer Höhe von 1800 bis 3000 Metern. Das Recht, mit Speik zu handeln, wurde vom Erzbischof verliehen. Vom Salzburger Handelshaus Sigmund Haffner wurde in Mauterndorf eine Faktorei betrieben, die den Speik sammelte, trocknete und in den Handel brachte. Wohl wegen seiner besonderen Heilkraft bei Magen-, Blasen-, Nieren- und Leberleiden kam Speik aus dem Lungau bis in den Orient und nach Afrika. Insbesondere an den Abhängen des Preber wächst der Speik, der schon Ignaz Kürsinger, den Pfleger von Mittersill und Schärding, auf seinen Recherche-Touren durch den Lungau faszinierte, auch heute noch.

Im Vergleich mit den anderen Bezirken des Salzburger Landes fehlt dem Lungau eine Stadt. Selbst der flächenmäßig kleinere Tennengau kann mit Hallein als Bezirkshauptstadt auftrumpfen. Wenn der Flachgau auch keine eigene Bezirkshauptstadt hat, so weist er mit Seekirchen, Neumarkt am Wallersee und Oberndorf gleich drei Städte auf. Allein der Lungau ist bislang stadtlos geblieben, obwohl Tamsweg an und für sich die Voraussetzungen für eine Stadterhebung durchaus erfüllt, allen voran mit der geforderten Einwohnerzahl von über 5000. Da könnte es die Marktgemeinde durchaus mit anderen Städten im Land aufnehmen. So hat Radstadt auf der anderen Seite der Niederen Tauern nicht einmal 5000 Einwohner, dagegen steht allerdings die Tatsache, dass Radstadt schon 1289 zur Stadt erhoben wurde. Vielleicht haben die Tamsweger auch deshalb keinen Ansporn, sich zur Stadt erheben zu lassen, weil ihnen innerhalb des Bezirks die Konkurrenz fehlt. Bei einer einzigen Stadt im Bezirk würde es vermessen klingen, von der Bezirkshauptstadt zu sprechen. Außerdem schätzt es der Lungauer nicht, „groß an" zu sein, was so viel heißt wie, größer wirken zu wollen, als man ist. Da gibt es andere Werte, die wichtiger sind. „Bleib treu den alten Sitten!" Das imperativische Motto des „Vereinigten zu Tamsweg" repräsentiert einen dieser Werte. Der Vereinigte zu Tamsweg wurde 1738 gegründet und bildet die älteste, heute noch bestehende Handwerksbruderschaft in Österreich mit etwa 900 Mitgliedern. Um Vereinigter zu werden, muss der männliche Beitrittswerber die Lehre abgeschlossen haben. Frauen haben trotz aller Bemühungen bislang keinen Zugang zu dieser Männerdomäne gefunden. Die Feste und Feiern des Vereinigten sind ein wichtiger Bestandteil des Tamsweger Festkalenders.

Wie der Lungau insgesamt, so ist auch sein Hauptort ringsum von Bergen umgeben. Aus dem Norden dringen die Ausläufer der mächtigen Bergrücken, zwischen denen das Göriach- und Lessachtal liegen, bis an die Stadtgrenze. Östlich davon ragt der Preber mit seiner markanten Spitze auf, während sich südöstlich davon der Lasaberg erhebt. Am rechten Ufer der Mur drängt sich der Schwarzenberg heran, auf dessen östlichem Ausläufer, dem Leonhardsberg, die berühmte Leonhardskirche steht, nach Mariazell und St. Wolfgang eine der beliebtesten Wallfahrtskirchen des Spätmittelalters. Selbst der Mitterberg

schiebt sich bis an die westliche Gemeindegrenze vor. Diese vielfältige Berglandschaft verleiht Tamsweg einen besonderen Reiz, der – wie könnte es im Lungau anders sein – sich oft erst auf den zweiten Blick erschließt. Auf einem Rundwanderweg um Tamsweg, der gleichzeitig eine schöne Tagestour ist, bekommt man einen guten Überblick über die Topografie der Umgebung Tamswegs und entdeckt dabei noch eine Reihe idyllischer Plätze.

Zwischen Preber und dem Sauerfelder Wald, durch den man auf den Lasaberg wandert, liegt mit der Straße über Seetal eine der zwei Verbindungen zwischen dem Lungau und der Steiermark. Bei Klausen war die Grenze bis zur Auflösung des Fürsterzbistums durch eine Wehrmauer gesichert, und die Ruine Klauseck, am Weg zum Gstoder, erinnert an die Konsequenz, mit der Fürsterzbischof Paris Lodron die Grenzen des Kirchenstaates zu sichern wusste.

Kulturspaziergang durch Tamsweg

Wuchtige Häuser und ein Palais

- **Tourcharakter:** Halbtagesausflug
- **Ausgangs- und Endpunkt:** Kapuzinerplatz
- **Weglänge:** 2 km
- **Gesamtdauer:** 2,5 h
- **Besonderheit:** Alte Bausubstanz und ein Besuch im Museum

Was Tamsweg nicht hat – ein laufend bespieltes modernes Kino etwa oder einen zeitgemäßen Ort für die Vermittlung von Gegenwartskunst, der allein schon von seinem Äußeren auf sich aufmerksam macht –, versucht es durch Tradition und Beschaulichkeit wettzumachen. Das Auge freut sich über viele schützenswerte Fassaden und versteckte Winkel, wobei es sich auch über die eine oder andere moderne Architektur freuen würde.

Wir beginnen mit unserem Spaziergang durch Tamsweg vor dem Amtsgebäude der Bezirkshauptmannschaft mit der Adresse Kapuzinerplatz 1. Der Bau des Klosters wurde vom Kapuzinerorden in Auftrag gegeben, der in der ersten Hälfte des 17. Jahrhunderts vom Fürsterzbischof in den Lungau geschickt wurde, um dort im Sinne der Gegenreformation aktiv zu werden. Der strenge Bettelorden wurde mit Klostergründungen neben Tamsweg auch in Radstadt, Mühldorf am Inn und Laufen beauftragt. Es sollte die bislang einzige Klostergründung im Lungau bleiben. Weil die Kapuziner den Auftrag hatten, der Bevölkerung den katholischen Glauben näherzubringen und zu stärken, veranstalteten sie große Umzüge, bei denen Motive aus dem Alten und Neuen Testament aufgearbeitet wurden. So hat höchstwahrscheinlich auch der Samson seinen Einzug im Lungau gehalten. Bei den Umzügen wurde eine übergroße Figur mitgeführt, die den Samson aus dem Alten Testament darstellen sollte, der als Symbol für den Widerstand gegen die Philister gilt, womit im aktuellen Sinn die Protestanten gemeint waren. 1644 wurde das repräsentative Klostergebäude mit Garten von den Kapuzinern bezogen. Gut 120 Jahre später mussten sie das Kloster im Zuge der Säkularisierung aber bereits wieder verlassen, weil sie den aufgeklärten Geistern in der Kirche wegen ihrer allzu großen Nähe zur Volksfrömmigkeit ein Dorn im Auge waren. Kirchen, in denen die Kapuziner predigten, erkennt man an einem braun lackierten ausgestreckten Arm, der am Sockel der Kanzel wie in der Leonhardskirche angebracht ist. Nachdem 1781 der letzte Mönch aus dem Kloster ausgezogen war, wurde es im Auftrag von Fürsterzbischof Hieronymus Graf Colloredo als Verwaltungsgebäude adaptiert. Anschließend wurde das Pfleggericht von Moosham nach Tamsweg verlegt; seit 1868 ist die Bezirkshauptmannschaft in dem Gebäude untergebracht.

Auf dem Weg von der Bezirkshauptmannschaft zum Marktplatz geht es durch die Amtsgasse, die von einer Reihe zumindest teilweise im Originalzustand erhalten gebliebener Häuser aus dem 15. und 16. Jahrhundert gesäumt wird. Die meisten von ihnen hatten die Funktion von Handels- und Wirtshäusern, wie das Obere Lebzelterhaus, dessen Ursprung auf das Jahr 1430 zurückgeht. Insgesamt gab es allein auf dem

Marktplatz und in den angrenzenden Gassen zehn Gasthäuser, was auf ein florierendes Handels- und Geschäftsleben, vor allem seit 1416, schließen lässt, als Tamsweg das Privileg verliehen bekam, einen Wochenmarkt abhalten zu dürfen. Selbst das heutige Rathaus, das, von der Amtsgasse kommend, auf der rechten Seite des Marktplatzes steht, war ursprünglich als Kronwirtshaus bekannt. Bei einem Umbau im Jahre 1545 erhielt das Gebäude seine heutige Form. Für den Blick auf den Marktplatz nur mehr von historischer Bedeutung ist die einstige Aufteilung des Platzes in erzbischöflichen Besitz auf der rechten und in den des Domkapitels auf der linken Seite samt Rathaus. Weitere Eigentümer des Burgfrieds waren die Grundherrschaft der Spitalskirche und die Pfarre Tamsweg.

Auf der Westseite des Rathauses, das früher auch einmal ein Wirtshaus war, führt der Weg vom Marktplatz auf die Kirchengasse, die eine wichtige Verbindung zwischen der Pfarrkirche und dem Geschehen auf dem Marktplatz darstellte. Die Hausnummer 29 weist auf das ehemalige Petschacherhaus hin, das sich zwischen 1510 und 1680 im Besitz der Handelsherren Petschacher befand. Einer von ihnen war Marktrichter Veit Petschacher, er erwirkte 1586 vom Fürsterzbischof das Wappen für Tamsweg, das über dem Portal des Rathauses hängt.

Gleich hinter dem Rathaus erstreckt sich der Bau des ehemaligen Bürgerspitals nach Norden. Wo über Jahrhunderte für alte und gebrechliche Menschen gesorgt wurde, ist heute das Lungauer Heimatmuseum Tamsweg untergebracht. Hier erfährt der Besucher nicht nur Details über die Besiedelung der Gegend und die Ursprünge von Domesovice, der ältesten slawischen Ansiedlung im Lungau, sondern bekommt auch liebevoll zusammengetragenes bäuerliches und bürgerliches Kulturgut zu sehen, darunter wertvolle gotische Truhen. Neben Werkzeugen verschiedener Handwerksberufe sind auch eine Schlafzimmereinrichtung und eine Schulklasse ausgestellt. In der Kapelle, die 1491 als St. Barbara-Spitals-Kirchl eingeweiht wurde, ist der Samson von Tamsweg zu bestaunen, er gilt als die älteste Samsonfigur des Lungaus. Regelmäßige Sonderausstellungen ergänzen das Angebot. Gleich neben dem Museum befindet sich das Kirchenbäckerhaus, in dem feinste Schokolade und Confiserie hergestellt werden.

Nach dem Besuch des Museums halten wir uns rechts und gehen in der Kirchengasse weiter in nördliche Richtung. Dabei kommen wir zwischen Bräuergasse und Kuenburggasse zum Palais Kuenburg, das sich Christoph III. Kuenburg – er war ab 1556 Pfleger von Moosham – als Stammsitz errichten ließ. Ursprünglich aus mehreren Gebäuden bestehend, wurde das Anwesen, an dessen Ostseite der Schlosspark anschließt, 1742 umgebaut und in die heutige Form gebracht. Seit 1954 ist das Palais im Besitz der Marktgemeinde Tamsweg, die es für verschiedene Kultureinrichtungen nutzt.

Vis-à-vis des Palais steht die dem heiligen Jakobus dem Älteren geweihte Pfarrkirche, an der vorbei wir über den Dechantenbichl auf den Postplatz kommen. Über die Untere Postgasse spazieren wir anschließend bis zur Murgasse und weiter zum Marktplatz. Wie die Amtsgasse, so ist auch die Murgasse auf beiden Seiten von historischen Häusern gesäumt. Bevor wir zum ehemaligen Kapuzinerkloster zurückkehren, machen wir beim Gasthof Gambswirt für eine stärkende Jause halt. Bei schönem Wetter ist der Gastgarten des Gambswirts der Treffpunkt schlechthin. Man wird gesehen und sieht alles.

Der Gambswirt liegt direkt am historischen Marktplatz von Tamsweg im Herzen des Lungaus. Die Küche ist bekannt für kulinarische Köstlichkeiten aus der Region und das Team zeichnet sich durch freundliche Bedienung aus. Warme Küche von 7 bis 22 Uhr, kein Ruhetag.

Gasthof Gambswirt, Marktplatz 5, 5580 Tamsweg,
Tel. 06474/2337,
gambswirt@sbg.at, www.gambswirt.at

Tamsweg-Rundwanderweg

Immer wieder neue Perspektiven

- **Tourcharakter:** Tagestour
- **Ausgangs- und Endpunkt:** Marktplatz in Tamsweg
- **Weglänge:** 15,5 km
- **Gesamtdauer:** 6 h
- **Höhenunterschied:** 150 hm
- **Besonderheit:** Schöne Aussichten auf Tamsweg und Umgebung

Schaut man auf die Marktgemeinde Tamsweg in ihren heutigen Grenzen, dann fällt auf, dass der Kern im Verhältnis zum Umland relativ überschaubar ist. Die Umrisse des Burgfrieds, jenes Geviert, in dem Adel, Klerus und Bürger lebten, lassen sich anhand von Bildstöcken auch heute noch erkennen. Einer dieser Bildstöcke steht am Ende, östlich des Amtsgebäudes der Bezirkshauptmannschaft, wo die Amtsgasse in die Bundesstraße übergeht. Zum Übergewicht der eher ländlich strukturierten Ortschaften im Verhältnis zur ursprünglichen Marktgemeinde kam es 1935 und 1938, als sechs eigenständige Katastralgemeinden mit Tamsweg zusammengeschlossen wurden. 1935 waren es Haiden, Lasaberg, Einöd-Keusching, Mörtelsdorf und Wölting, 1938 kam Seetal dazu, dessen Ortsgebiet sich im Osten bis zur salzburgisch-steirischen Landesgrenze ausdehnt. Wirtschaftliche Schwierigkeiten kleiner und kleinster Gemeinden versuchte man im autoritären Ständestaat (1934–1938) durch Zusammenlegungen abzufangen. Ebenso nach dem

„Anschluss" Österreichs an das Deutsche Reich wurden eine Reihe von Zusammenlegungen von oben angeordnet. Der Rundwanderweg ist auch in der Gegenrichtung beschildert und kann an mehreren Stellen begonnen werden.

Ausgangspunkt ist der Marktplatz, der Mittelpunkt der Marktgemeinde. Von dort gehen wir in südwestlicher Richtung zur Mur, überqueren diese und klinken uns bei der Überführung der Bundesstraße in den Rundwanderweg ein, der uns zur Wallfahrtskirche St. Leonhard hinaufführt. Von dort geht der Blick nicht nur über den Markt mit den eingemeindeten Ortschaften rundherum, sondern auch nach Norden zu den Ausläufern der mächtigen Höhenrücken, zwischen denen die Täler in den Schladminger Tauern liegen. Von der Kirche wandern wir in westlicher Richtung weiter zur Ortschaft Mörtelsdorf, zuerst auf einem Waldweg, später auf asphaltierter Straße. Wir überqueren wieder die Mur und halten uns nördlich, bis wir die Bundesstraße erreichen. Auf der anderen Seite der Straße kommen wir auf einen leicht ansteigenden Feldweg, von dem wir nach etwa 100 Meter rechts abbiegen, talwärts gehen und die Unterführung passieren. Weiter geht es durch die Ortschaft Litzelsdorf zur alten Passeggenstraße. Dabei kommen wir an einem Schuttabladeplatz vorbei, nach dem wir uns rechts halten und über einen Schotterweg durch den Passeggerwald zur Wiese hinaufgehen, wo die Richtstätte des Pfleggerichts Moosham stand. Nach dem Rastplatz auf der Wiese halten wir uns östlich auf dem asphaltierten Weg, der uns über einen Kammrücken und durch die Ortschaft Tullnberg führt, bis uns der Wegweiser auffordert, fast im rechten Winkel in nördliche Richtung abzubiegen. Auf Wald- und Wiesenwegen und schließlich nach einem etwas abschüssigen Teilstück erreichen wir den Campingplatz in der Mehlhartlau.

Von dort geht es der Taurach entlang flussaufwärts weiter, bis wir zu einer Brücke über den Bach kommen, nach der wir uns rechts halten, den Taurachkanal und das Bahngleis überqueren und bis zur Wöltinger Straße gehen. In diese biegen wir rechts ein, folgen dem Straßenverlauf bis an das südliche Ortsende. Hier orientieren wir uns an dem Hinweisschild zu einem Fahrweg, auf den wir links einschwenken und bis zum sogenannten Lerchpoint eine kleine Steigung überwinden. Ein Blick nach Westen zeigt sehr schön, wie der Mitterberg seinem Namen gerecht wird: Nördlich von ihm ist die Burg Mauterndorf zu erkennen und südlich davon Schloss Moosham. Anschließend biegen wir links in die Preberstraße ein und gleich darauf rechts in den Törzingerweg. Auf diesem Weg bleiben wir bis zur Abzweigung in den Prodinger Graben, durch den wir zur Einmündung der Griesgasse in die Sauerfelder Straße kommen.

Auf der Sauerfelder Straße spazieren wir in Richtung Zentrum, kommen dabei über die Kracherbrücke und biegen gleich danach links in den Förstlweg ein. Über einen etwas steileren Anstieg geht es bis zur Ortschaft Moos hinauf, wo wir kurz zuvor die Straße queren und auf einen Waldweg kommen, der uns auf eine Wiese mit großartigem Panoramablick auf das Tamsweger Becken führt. Weiter geht es, dem Hinweisschild folgend in südwestlicher Richtung nach Lasaberg-Leugeben, wo wir auch den höchsten Punkt der Rundwanderung erreicht haben. Auf einer Fahrstraße geht es danach in südlicher Richtung bis zum Hinweisschild „Josefinenquelle" auf der rechten Seite, dem wir folgen und ziemlich steil bis zur Mur absteigen, bis wir auf einer Seehöhe von 1000 Meter angekommen sind. Auf dem Mur-Radweg gehen wir in nördlicher Richtung ins Zentrum zurück.

23

Richtstättenweg Passeggen

Düsteres Zeugnis der Salzburger Landesgeschichte

- **Tourcharakter:** Halbtagesausflug
- **Ausgangs-und Endpunkt:** St. Andrä, Sportplatz
- **Weglänge:** 4 km
- **Gesamtdauer:** 2 h
- **Höhenunterschied:** 200 hm
- **Besonderheit:** Aufklärung über die Hexenprozesse

Wer vor 300 Jahren und mehr durch das Taurachtal von Mauterndorf nach Tamsweg unterwegs war, konnte die Delinquenten schon von Weitem am Galgen hängen sehen, überragt von den aufgespießten Köpfen der Enthaupteten. Ein grausiges Bild, das sich vom Passeggen aus bot, zumal die Leichname nach der Hinrichtung noch Wochen und Monate auf der Richtstätte blieben, ehe sie von Bauern aus Wölting, die dazu beauftragt waren, abgenommen und verscharrt oder verbrannt wurden. Auch das Würgen war eine der angewendeten Formen der Todesstrafe. Der seinerzeitige Exekutionsplatz – getrennt voneinander gab es einen Platz mit dem Galgen und einen anderen mit dem Scheiterhaufen – des Pfleggerichts Moosham war nicht wie heute im Wald versteckt, sondern lag frei einsehbar mitten auf einer Wiese, von der auch der Name abgeleitet ist. „Paseka" ist die slawische Entsprechung für die deutschen Begriffe Wiese oder Weide. Das Besondere daran ist, dass sich an der Bodenbeschaffenheit über die Jahrhunderte hinweg kaum etwas geändert hat. Selbst das steinerne Fundament der Richtstätte, auf dem das Holzgerüst mit dem Galgen stand, ist in Teilen noch vorhanden. Die Hinrichtungen wurden öffentlich durchgeführt, nachdem die Delinquenten aus ihrer Zelle, „Keuche" genannt, in den Verliesen von Schloss Moosham mit dem Zeiserlwagen, einem einfachen Leiterwagen mit Holzbänken, allenfalls mit einer Plane überdacht, zur Richtstätte gebracht worden waren. Heute gehen die Historiker davon aus, dass im Lungau etwa 50 Personen wegen „Hexerei" verurteilt und hingerichtet wurden, das letzte Mal 1778, sozusagen am Vorabend der Aufklärung.

Bereits in den vergangenen Jahren wurde ein „neuer" Blick auf dieses düstere Kapitel in der Salzburger Landesgeschichte geworfen, so auch von dem in Mariapfarr lebenden Lehrer und Buchautor Peter Klammer, der für die erläuternden Texte auf den Informationstafeln mitverantwortlich zeichnet. Menschen, die der „Hexerei" bezichtigt und schlussendlich getötet wurden, waren nicht, wie man heute gerne annehmen möchte, mit übersinnlichen Kräften ausgestattet und einem psychedelischen Milieu verhaftet, sondern lebten meist am Rande der Gesellschaft und waren auf die eine oder andere Art benachteiligt. Um ihr Leben fristen zu können, mussten sie förmlich sozial auffällig werden, wie man heute dazu sagt. Dabei zogen sie sich freilich den Unmut der Bauern und Bürger zu und wurden rasch zum Sündenbock gestempelt, wenn es galt, einen Schuldigen für ein erlittenes Unheil zu finden. Die menschheitsalten Fragen: „Warum hat es mich getroffen und nicht den anderen? Warum hat der Blitz in mein Haus eingeschlagen und nicht in das des Nachbarn? Warum bin ich krank geworden und nicht jemand anderer?", bleiben unbeantwortet. Der Betroffene möchte aber eine Antwort, um das Schicksal zu ertragen, und gibt sie sich selbst. Die Schuld schiebt er dabei auf das alte, zänkische Weib, das ihm immer wieder drohte, der Teufel werde ihn holen, wenn er ihr eine erbetene Unterstützung ausgeschlagen hat. Der Weg von der Denunziation bis zur „Peinlichen Befragung", wie man die Folter nannte, war ein kurzer. Wie unermesslich das Leid der Menschen, die der Hexerei bezichtigt wurden, war, wird neben vielen anderen Informationen einfühlsam auf den Informationstafeln des Richtstättenweges beschrieben. Zu den ehemaligen Richtstätten – Galgen und Scheiterhaufen – führt jeweils ein Stichweg. Der Richtstättenweg wird zugleich als Familienweg geführt, auf dem über das Leben im Lungau vor 300 und 400 Jahren informiert wird. Dabei stehen Erklärungen zum Alltagsleben, zur Tierhaltung und zum Gartenbau im Vordergrund. Neben Spielstationen für Kinder sind auch Ruheoasen für die Erwachsenen angelegt. Im Frühjahr 2012 ist der Weg abschließend fertiggestellt.

Wir beginnen den Rundwanderweg in St. Andrä beim Sportplatz. Weitere Einstiegstellen finden sich bei der Passeggenkapelle und in der Ortschaft Tullnberg. Nach dem Sportplatz überqueren wir die Taurach und wandern in südlicher Richtung hinauf zu einer Kreuzung, wo wir geradeaus weitergehen. Aus der Asphaltstraße wird ein ansteigender Gehweg, der zwischen Wiesen etwa 200 Höhenmeter hinaufführt. Oben angekommen, geht es in südlicher Richtung mit einem kurzen Schwenk nach Osten weiter, bis wir die Wiese überqueren und in den Wald einbiegen. Durch den sogenannten „Zigeunergraben" geht es etwas abschüssig weiter südlich, wo wir dann zur Einstiegstelle in der Ortschaft Tullnberg kommen. Kurz danach führt der Stichweg zur Richtstätte, wo der Galgen stand. Danach spazieren wir am Waldrand über einen asphaltierten Weg in nordöstlicher Richtung, bis wir zur Passeggenkapelle kommen. Von dort geht es in nordöstlicher Richtung zuerst durch den Wald und später über Wiesen weiter und zum Ausgangspunkt zurück. Etwa auf der Hälfte des Weges durch den Wald zweigt der Stichweg zur Verbrennungsstätte ab.

Prebersee-Rundwanderweg

Moorsee mit weltbekanntem Schießstand

- **Tourcharakter:** Halbtagesausflug
- **Ausgangs- und Endpunkt:** Parkplatz am See
- **Weglänge:** 6 km
- **Gesamtdauer:** 3 h
- **Besonderheit:** Bademöglichkeit

International gesehen führt der Prebersee sicherlich die Hitliste der bekanntesten Plätze im Lungau an. Wo sonst wird schon auf Wasser geschossen? Wie es vor sich geht, dass das Geschoss wieder abprallt und auf die 15 Meter über dem Wasser hängende Scheibe trifft, konnte bis heute nicht restlos geklärt werden. Eine mögliche Erklärung liefert die hohe Dichte des Wassers in diesem Moorsee. Für die Beteiligten am drei Mal jährlich stattfindenden Preberschießen steht auch nicht die Frage im Vordergrund, wie es funktioniert, sondern dass es möglichst gut funktioniert. Dazu wird aus einer Entfernung von 120 Meter auf die sich im Wasser spiegelnde Scheibe geschossen. Dabei drückt das Geschoss eine etwa drei Zentimeter tiefe Mulde ins Wasser, um danach als Querschläger oder „Geller", wie es in der Gegend heißt, auf die Holzscheibe zu treffen. Um einen Meisterschuss zu platzieren, einen Treffer ins Schwarze, bedarf es eines scharfen Auges sowie einer ruhigen, geübten Hand. „A Moasen" sollte man auch haben, ein Quäntchen Glück, das sprachgeschichtlich auf den Begriff „Massl" für „Glück" aus dem Jiddischen zurückgeht.

Auf dem Rundweg um den Prebersee, der nördlich von Tamsweg auf einer Höhe von 1514 Metern liegt, erfährt der Besucher aber nicht nur, was es mit dem Preberschießen auf sich hat, sondern auch die Einzigartigkeit der Landschaft. Dass es sich bei der Region um den Prebersee um eine empfindliche Moorlandschaft handelt, darauf weist schon der überwiegend aus Holzplanken gebaute Weg hin, der nur an der Badestelle verlassen werden darf. Der Prebersee ist wie die meisten Seen im Lungau entstanden, als die mächtigen Murgletscher das Gestein – in diesem Fall der Niederen Tauern – bis auf eine Höhe von 2000 Metern abgeschliffen haben. Weniger harte Gesteinsformationen wurden dabei ausgehöhlt, und nach dem Verschwinden der Gletscher bildeten sich in den entstandenen Becken Seen.

Wir verlassen den Parkplatz in südöstlicher Richtung und beginnen den Rundweg in der Nähe des Schießstandes, von wo wir dann gegen den Uhrzeigersinn weitergehen. Auf insgesamt acht Schautafeln wird sehr übersichtlich dargestellt, was es mit dem Moorsee, den heimischen Pflanzen und Tieren, sowie mit dem Preber als Berg auf sich hat. Aber im Mittelpunkt des Interesses steht freilich das Schießen. Die Umrundung des Sees schließt bei entsprechender Witterung ein kühlendes Bad ab, was den Prebersee dann wirklich zu einem Erlebnis werden lässt. Anschließend an den Rundgang empfiehlt sich eine kurze Wanderung auf dem Fahrweg in östlicher Richtung, um noch etwas mehr von der Stimmung dieser Moorlandschaft einzufangen.

Hinauf zum Preber

Wächter des Lungaus

- **Tourcharakter:** Tagestour
- **Ausgangs- und Endpunkt:** Parkplatz beim Prebersee
- **Weglänge:** 13 km
- **Gesamtdauer:** 6 h
- **Höhenunterschied:** 1200 hm
- **Besonderheit:** Sehr abwechslungsreicher Aufstieg

Der Preber gehört zum Lungau wie der Großvenediger zum Pinzgau. Der Unterschied liegt darin, dass der Preber mit 2740 Meter zwar um gut 900 Meter niedriger, dafür aber fast vom ganzen Lungau aus sichtbar ist. Seine markante Spitze ist jedenfalls die Visitenkarte des Lungaus für alle, die von der steirischen Seite kommen. Im Winter ist er ein äußerst beliebter Berg für Skitourengeher, und der alljährlich stattfindende Preberlauf hat längst seine Fangemeinde gefunden. Im Sommer zeigt sich der Preber mit seinen üppigen Almrauschfeldern und Speikwiesen von einer mindestens ebenso spannenden Seite.

Die schroffe und markante Spitze des Prebers hebt sich vom sonst eher sanften Berg ab. Das liegt daran, dass die Spitze über den eiszeitlichen Gletscher hinausragte, der nur bis auf eine Höhe von 2000 Meter ging. Alles, was darunter lag, wurde vom Eis abgeschliffen. Zum ersten Mal bestiegen wurde der Hausberg der Tamsweger am 19. März 1896 von einer Gruppe Steirer unter der Führung von Toni Schruf (1863–1932), seines Zeichens Alpinist, Hotelier und steirisches Original.

Ausgangspunkt der Tagestour ist der Parkplatz Ludlalm beim Prebersee. Von dort wandern wir in nördlicher Richtung und halten uns an den Wegweiser „Preberhalterhütte" auf 1862 Meter. Auf dem Weg dorthin, der an der Prodingerhütte vorbeiführt, sind wir zuerst über eine Schotterstraße und im Weiteren auf einem Waldweg, an Lärchen und Zirben vorbei, unterwegs. Bei der Preberhalterhütte sollte man gut auf die Abzweigung zur Preberalm achten, damit man nicht in Richtung Roßboden und Preberkessel den falschen Weg erwischt. Wir steigen in weiten Serpentinen über die ausgedehnten Wiesenhänge der Preberalm zur Quelle hinauf und stoßen dabei auf den Weg Nr. 787a. Anschließend queren wir den Hang in nordwestlicher Richtung und verlassen bei der nächsten Abzweigung diesen Weg in Richtung Roßscharte. Auf dem letzten Abschnitt über den Vorgipfel geht es schließlich zum 2740 Meter hohen Gipfel des Prebers hinauf über Geröll, was ein wenig Aufmerksamkeit verlangt.

Für den Rückweg entscheiden wir uns für die Variante über den Kamm, das heißt, wir wandern an der salzburgisch-steirischen Landesgrenze entlang auf dem Weg Nr. 787 über das Bockleiteneck und das Trogleiteneck und zum Schluss am Ausläufer des Speikbodens in Richtung Grazer Hütte. Der weitere Rückweg zum See zweigt vor der Grazerhütte rechts in westlicher Richtung ab und führt bis zum Abfluss des Prebersees, an dem entlang wir in nordwestlicher Richtung zum Parkplatz zurückkehren.

26

Über die Frauenhöhle auf den Lasaberg

Tamsweger „Stadtberg“

- **Tourcharakter:** Halbtagestour
- **Ausgangs- und Endpunkt:** Parkplatz Langerbauer
- **Weglänge:** 9 km
- **Gesamtdauer:** 3,5 h
- **Höhenunterschied:** 600 hm
- **Besonderheit:** Aussichtsberg, der hält, was er verspricht

Die Region um Tamsweg, Hauptort des Bezirks, ist sozusagen das Lungauer Ballungszentrum. Um auf diese Gegend einen Blick aus der Vogelperspektive werfen zu können und sich dabei generell einen Überblick über die Topografie des Lungaus zu verschaffen, eignet sich eine Wanderung auf den Lasaberg. Die solitäre Lage des Gipfels lässt ihn als Aussichtsberg besonders punkten.

Wir beginnen die Tour beim Parkplatz des Langerbauern. Der auf 1359 Meter gelegene Hof liegt nur etwa 200 Höhenmeter unterhalb der Almregion. Von Tamsweg aus ist der Hof über den Lasabergweg, der von der Amtsgasse etwa 100 Meter nach dem Amtsgebäude der Bezirkshauptmannschaft rechts abbiegt, zu erreichen. Auf halbem Weg zum Parkplatz kommen wir an jener Stelle vorbei, wo sich oberhalb der Eingang zur Frauenhöhle befindet. Um in die Höhle, die im Inneren 12 x 7 x 7 Meter misst, zu gelangen, steigt man auf einer Leiter über die 15 Meter hohe Felsstufe. Was es mit dem Namen der Höhle auf sich hat, ist nicht ganz geklärt. Höchstwahrscheinlich war sie ein Zufluchtsort für Frauen und Kinder während der Türkenkriege wie auch später in der Zeit der Napoleonischen Kriege. Im Bewusstsein der Lungauer ist sie auch als Wildfrauenhöhle, ein Hinweis, der aber eher in das Reich der Sagen und Legenden gehört.

Wir verlassen den Parkplatz, gehen über eine Brücke und biegen dann links in den Waldweg ein, der ziemlich bald auf den Güterweg zu den Almhütten stößt. Die erste davon ist die Tschellerhütte auf 1554 Metern. Von der Langerhütte genießen wir einen üppigen Ausblick auf den Großen Hafner, den östlichsten Dreitausender der Hohen Tauern. Um auf der sicheren Seite zu sein, bleiben wir auf dem Güterweg und verzichten auf die eine oder andere Abkürzung durch den Hochwald. Etwa auf der Hälfte des Weges zwischen Langerhütte und dem Tschellerberg verlassen wir den Wald und betreten ein für die Region typisches, sanft moduliertes Almgebiet, das sich zwischen dem nördlich gelegenen Eckwald und den südlichen Lasaberger Waldwiesen erstreckt. Ehe man auf dem Gipfel steht, gilt es, noch einen kurzen Anstieg zu überwinden, den der grandiose Rundumblick aber reichlich dankt. Gute Sichtverhältnisse vorausgesetzt, reicht das Panorama im Süden bis weit in die Kärntner Nockberge und nordwestlich zu den Hohen und Niederen Tauern. Ein Tisch mit Panoramakarte unter dem Gipfelkreuz sorgt für den richtigen Überblick. Hinunter nehmen wir denselben Weg wie hinauf.

27

Klausen, Klauseck, Gstoder

An der Grenzfestung zur Steiermark

- **Tourcharakter:** Tagestour
- **Ausgangs- und Endpunkt:** Parkplatz bei der Volksschule Seetal
- **Weglänge:** 12 km
- **Gesamtdauer:** 6 h
- **Höhenunterschied:** 950 hm
- **Besonderheit:** Fernsicht bis zum Großglockner und in die Steiermark

Bereits zu der Zeit, als sich das Fürsterzbistum zu konsolidieren begann, wurde die Grenze zur Steiermark abgesichert. Später wurde dafür sogar eine Wehrmauer aufgezogen, die die gesamte Talsohle absperrte und von der Burg Klauseck bewacht wurde. Der einzige Durchlass führte durch das Klausentor, wo auch die Zollformalitäten erledigt wurden. Stärkung und Unterkunft gab es beim Klausenwirt, dem Heimathaus von Eduard Macheiner (1907–1972), der von 1969 bis 1972 Erzbischof von Salzburg war. An der Straßensituation hat sich seit über 700 Jahren nichts geändert. Wo sich über Jahrhunderte hinweg Pferdefuhrwerke und Kutschen durch den engen Durchlass zwängten, kämpfen heute LKW-Fahrer mit einer Breite von maximal 2,70 Meter. Was heute die östliche Katastralgemeinde von Tamsweg bildet, war bis 1938 die eigenständige Gemeinde Seetal.

Die nach Seetal führende Bundesstraße (B 96), beginnt in Tamsweg hinter dem Gebäude der Bezirkshauptmannschaft in nordöstlicher Richtung als Sauerfelder Straße und setzt sich dann als Murtalstraße fort. Nördlich davon steht der Preber, der mit 2740 Meter dritthöchste Berg des Lungaus. Sein südliches Pendant bildet der Gstoder mit 2140 Meter und einer pyramidenförmigen Spitze, über die die Landesgrenze zwischen Salzburg und der Steiermark verläuft.

Wir beginnen unsere Tagestour auf den Gstoder bei der Volksschule von Seetal, gehen zuerst in südlicher Richtung auf einer Asphaltstraße entlang des Gstoderbachs, die hinter dem letzten Haus zu einem Fahrweg wird. Rechts davon liegt das Europaschutzgebiet Seetaler See, ein Moorsee mit starker Verschilfung und einer botanisch interessanten Schwingrasenbildung. Dabei handelt es sich um eine auf dem Wasser schwimmende Pflanzendecke, die überwiegend aus Moosen besteht sowie aus Pflanzen, die vom Ufer aus an der Oberfläche in den See hineinwachsen. Schwingrasen sind in der Regel nicht tragfähig und dürfen deshalb nicht betreten werden. Unser Weg führt zuerst durch einen Wald und biegt nach einer knappen halben Stunde auf die Forststraße ein, die uns zur Dorferalm auf 1644 Meter führt. Hinter der letzten Hütte des Almdorfs zweigt auf der linken Seite der Forststraße der Steig auf den Gstoder ab. Die erste Etappe der noch vor uns liegenden 500 Höhenmeter ist relativ steil, danach geht es mühelos auf den Gipfel, wo ein prächtiger Fernblick bei guten Sichtverhältnissen bis zum Großglockner reichen kann. Auf dem Rückweg biegen wir nach etwa einem Drittel des Weges von der Dorfer Hütte ins Tal rechts von der Forststraße ab und halten uns an den Hinweis „Ruine Klauseck", zu der wir nach etwa einer halben Stunde gelangen. Von der ehemaligen Wehrburg sind nur noch die Außenmauern eines Gevierts erhalten geblieben. Etwas unterhalb der Burgruine sind Reste der Wehrmauer, die einst das Tal absperrte, zu sehen. Von Klausen marschieren wir entlang der Landesstraße zu unserem Ausgangspunkt, der Volksschule von Seetal, zurück.

Gotisches Gesamtkunstwerk

Die dem heiligen Leonhard geweihte Kirche gilt als das Wahrzeichen Tamswegs, selbst wenn das nicht unbedingt im öffentlichen Bewusstsein verankert sein mag. Für ihre Rolle spricht insbesondere die exponierte Lage über dem Hauptort des Lungaus, die sie zum Blickfang macht. Aber auch die Kirche an sich – ein spätgotischer Bau, der vom Salzburger Baumeister Peter Harperger von 1430 bis 1433 errichtet wurde – hat das Zeug zum Wahrzeichen. Harperger, an den eine Straße in Tamsweg erinnert und der an der nördlichen Chorwand abgebildet ist, ist mit diesem Kirchenbau ein großer Wurf gelungen. Die Architektur strahlt eine Kraft aus, der man sich nur schwer entziehen kann. Der 55 Meter hohe Turm steht in einem harmonischen Verhältnis zum 23 Meter langen, vierjochigen Kirchenschiff. Als gegen Ende des 15. Jahrhunderts die Angst vor den Türken immer mehr zunahm, wurde um das gesamten Areal eine Wehranlage gebaut. St. Leonhard wurde damit zur einzigen Wehrkirche im Land Salzburg.

Anlass und Ursprung für den Bau der Leonhardskirche war eine schlichte Holzfigur des heiligen Leonhard, die in der Tamsweger Pfarrkirche stand und im Jahre 1421 mehrfach verschwand und immer wieder an derselben Stelle, auf einem Bühel, der dem Schwarzenberg auf dessen nördlicher Seite vorgelagert ist, aufgefunden wurde – auf wundersame Weise, wie es heißt. Nachdem von immer mehr Wunderheilungen, die mit der Statue in Verbindung gebracht wurden, die Rede war, kam es schließlich zum Bau der Kirche, die am 20. September 1434 von Johannes Ebser, Bischof von Chiemsee und Weihbischof von Salzburg, geweiht wurde.

Der heilige Leonhard wuchs in der Umgebung von Chlodwig I., dem fränkischen König aus dem Haus der Merowinger und

Begründer Frankreichs, in Reims auf und war Schüler des heiligen Remigius. Das waren die besten Vorzeichen für eine große Karriere am Hof. Doch Leonhard entschied sich für ein gottgeweihtes Leben, zuerst als Mönch und später als Einsiedler. Als Theuderich I., ein Sohn Chlodwigs, in Begleitung seiner hochschwangeren Frau in der Nähe von Leonhards Klause auf der Jagd war und es durch einen Sturz zur frühzeitigen Geburt kam, rettete Leonhard das Leben der Frau und des Kindes. Als Dank erbat er sich vom König so viel Waldgebiet rund um seine Zelle, wie er es in einer Nacht mit dem Esel umreiten könne. Der Bitte wurde entsprochen, Leonhard errichtete eine Kapelle in der Mitte des Grundstücks und wurde darüber hinaus vom König mit weitreichenden Privilegien ausgestattet. Hierzulande gilt der heilige Leonhard, dessen nichtgebotener Gedenktag („memoria ad libitum") am 6. November gefeiert wird, als Schutzpatron der Bauern, Stallknechte, Ställe, Pferde, Schlosser, Schmiede, Fuhrleute, aber auch der Wöchnerinnen und Gefangenen.

Die Anziehungskraft der Wallfahrtskirche war von Anfang an groß, im Spätmittelalter zählte die Leonhardskirche neben Mariazell und St. Wolfgang im Salzkammergut zu den meist besuchten Wallfahrtsorten auf dem Gebiet des heutigen Österreichs. Zur Betreuung der Kirche und der Wallfahrer wurde bereits 1434 eine „Bruderschaft der Kramer zu St. Leonhart" errichtet, die schließlich in eine allgemeine Leonhardsbruderschaft überging. Bereits zum Ende des 15. Jahrhunderts gehörten ihr weit über 4000 Mitglieder an, darunter viele Bischöfe und sogar Kaiser Friedrich III. (1415–1493). Er war ab 1452 Kaiser des Heiligen Römischen Reiches Deutscher Nation und bekannt für seine erfolgreiche Heiratspolitik. 1636 und 1989 wurde die Bruderschaft jeweils wieder neu etabliert. Aktuell

unterstützt die Leonhardsbruderschaft die umfangreichen Sanierungs- und Renovierungsarbeiten am Äußeren und Inneren der Kirche, was einem Jahrhundertprojekt gleichkommt. Sie war es auch, die mit dem Leonhardsweg einen neuen Pilgerweg von der Stadt Salzburg über den Schladminger Tauern nach Tamsweg und hinauf zur Kirche initiiert hat. Bis das spätgotische Juwel auf dem Leonhardsberg insgesamt wieder glänzt und strahlt, gibt es aber noch sehr viel zu tun. Das sogenannte goldene Fenster, dessen Faszination in der Komposition der Farben Blau und Goldgelb in mehreren Abstufungen liegt, hat die Renovierung schon erfolgreich hinter sich gebracht. Im unteren Bereich zeigt das Fenster seinen Stifter, Fürsterzbischof Johann II. von Reisberg, der Salzburg von 1429–1441 regierte. Im untersten Teil sind die Bischöfe Rupert und Virgil abgebildet. Historiker vermuten, dass es sich dabei um eines der ältesten authentischen Bildnisse eines Salzburger Erzbischofs handelt. Neue Konservierungsverfahren haben es ermöglicht, dass der in den vergangenen Jahrzehnten entstandene Grauschleier entfernt werden konnte und dass das Leuchten wieder mystische Dimensionen bekommen hat.

Sanfte Höhen, milde Kuppen

Schwaig
Weißpriach
Göriach
(1260)
Oberdorf
Unterdorf
Prebersee
(1514)
1527
Sonndörfl
Kraischaberg
Wassering
Zoitzach
Am Sand
Grabendorf
Vorder-
göriach
St. Rupert
(1489)
Pürstlmoos
Ruine Turnschall
Überling
Moserkopf
Zankwarn
Bruggarn
Ht.-
-lasa
Vd.-
St. Andrä
im Lungau
Mariapfarr
Haiden
Refling
Fanning
Bruckdf.
(1120)
Miesdf.
Haslach
Faningberg
Seitling
Lintsching
Traning
Penk
Althofen
Stockerfeld
Steindorf
Wölting
Burgstall
Atzmannsdorf
95
Museumsbahn
St.
Gertrauden
Pichl
Tullnberg
Mehl-
hartlau
Pöllitz
Sauerfeld
Stranach
Litzelsdorf
Flugfeld
Gröbendf.
Reiterau
Proding
(1109)
Mitterberg
Otting
Gensgitsch
Sauerfelder Wal
Mauterndorf
(1123)
Mörtelsdorf
Tamsweg
(1022)
Begöriach
95
Petzlmoos
St. Leonhard
Hartlamnock
1777
Petzlkapelle
96
Neggerndorf
Unternberg
Mur
Neuseß
Voidersdorf
Lasaberg
1935
Schloss
Moosham
Moosham
(1092)
Goldbrunnock
1766
95
Lasaberg
Martin
Flatschach
(1834)
Staig
Pischelsdorf
Schwarzenberg
1779
Keusching
96
Golfplatz
Triegen
Ut.-
Pichlern
Ob.-
-bayrdorf
Mignitz
Silber-
schaubergwerk
(1066)
Thomatal
(1046)
Madling
Muhr
Hintering
Mitterberg
St. Margarethen
im Lungau
Tafern
Burg
Finstergrün
Gruben
Ramingstein
(974)
Thomabach
Kendlbruck
Fegendorf
Wald
Maria
Hollenstein
Bundschuh
Pirkegg
1808
Gstoßhöhe
1890
Turrach
95
Schönfeld
Mühlhauser Höhe
2216
1999
Rotofen
Bnitzsee
Karner Alm
2214
Schwarzwand
Feldernock
2257
Anderlesee
Zechnerhöhe
2188
2192
Gaipahöhe
Ochsenriegel
2282
Kilnprein
2408
Kremsbach
Rosaninhöhe
2280
Turrach
Innerkrems
(1480)
Maut
Frauennock
2270
Turrach
(1269)
Grünleitennock
2160
Rosaninsee
Friesen-
halssee
Nockalmstraße
2336
Königstuhl
Hohe Pressing
2370
Nesselbach
Grenze Nationalpark Nockberge
Mayerbrugger-
siedlung
Schwarzsee
Kornock
2193
(1810)
Turrachsee
Rinsennock
2234
1795
Turracher Höhe
2232
0 1 2 km

Unterwegs im Nockgebiet

Das Lungauer Nockgebiet ist Teil der Kärntner Nockberge, die wiederum zu den Gurktaler Alpen zählen und eine Fortsetzung der Zentralalpen in östliche Richtung darstellen. Es beginnt am Katschberg und endet östlich des Mühlbachgrabens, der sich von Kendlbruck in südlicher Richtung bis zur Grenze nach Kärnten erstreckt. Charakteristisch für diesen Höhenzug sind die weitläufigen Almböden, teilweise versumpft und vermoort, die milden Kuppen und das Fehlen von markanten Taleinschnitten. Deshalb ist mehr von Gräben als von Tälern die Rede. Diese Topografie macht das Nockgebiet zu einer sehr beliebten Wanderregion, vor allem auch für Familien. Die gesamte Region der Lungauer Nockberge und das Hochtal Bundschuh sind als Landschaftsschutzgebiete ausgewiesen.

Wanderer sollten sich aber von dem eher sanften und milden Eindruck dieser Berglandschaft nicht verführen lassen. Auch in den Nockbergen sind die Anstrengungen einer Tageswanderung nicht unterschätzen. Selbst wenn es kaum höher als 2200 Meter geht, kann es zum Beispiel die Kammwanderung von der Gstoßhöhe bis zum Kleinen Königstuhl ganz schön in sich haben, geht es doch um den Aufstieg auf insgesamt nicht weniger als fünf Gipfel.

Obwohl das Nockgebiet mit Ausnahme der im Sommer bewirtschafteten Almen fast zur Gänze unbesiedelt geblieben ist, wurde in der großen Expansionsphase des Römischen Kaiserreichs, das mit der Ernennung von Kaiser Augustus im Jahre 27 v. Chr. begann und 395 n. Chr. endete, eine wichtige Nord-Süd-Verbindung durch die Nockberge errichtet. Sie hatte die

Funktion, Iuvavum (der römische Name der Stadt Salzburg), mit Aquilea nahe dem heutigen Triest zu verbinden und führte in südlicher Richtung über den Radstädter Tauern und weiter über Moosham und St. Margarethen durch den heutigen Greinwald auf die Laußnitzhöhe. Von dort ging es weiter nach Teurnia bei Spittal an der Drau. Kurze Abschnitte der Trassenführung durch den Greinwald können auch heute noch ausgemacht werden, selbst Meilensteine sind erhalten geblieben.

Wirtschaftliche Bedeutung erlangte die Region zwischen Katschberg im Westen und der Grenze zur Steiermark im Osten, als im 15. Jahrhundert mit dem Bergbau begonnen wurde. Vor allem im hinteren Hochtal Bundschuh bei Schönfeld und im Kendlbrucker Graben wurde Eisenerz abgebaut. Die Hochofenanlagen Bundschuh und Kendlbruck präsentieren sich als höchst interessante Anlagen aus vorindustrieller Zeit, ebenso wie die Knappenhäuser, bei denen man auf dem Weg von der Dr.-Josef-Mehrl-Hütte zum Großen Königstuhl vorbeikommt.

Keinesfalls versäumen sollte man in den Nockbergen eine Wanderung durch die Donnerschlucht. Man durchquert sie auf der Rundwanderung von Schönfeld über den Großen Königstuhl. Dann geht es durch das Rosanintal nach Schönfeld zurück.

An der Leisnitz entlang

Gezähmter Wildbach

- **Tourcharakter:** Halbtägige Familienwanderung
- **Ausgangs- und Endpunkt:** Kirche in St. Margarethen
- **Weglänge:** 5 km
- **Gesamtdauer:** 4 h
- **Höhenunterschied:** 250 hm
- **Besonderheit:** Im Hochsommer zwischendurch auch Badespaß

Das zwischen dem 2210 Meter hohen Aineck und dem Greinwald gelegene Dorf St. Margarethen im Lungau wurde nicht nur einmal von der Hochwasser führenden Leisnitz in Mitleidenschaft gezogen. Der Schuttkegel, auf dem die Häuser rund um die Kirche angesiedelt sind, liefert dafür den sicheren Beweis. 1903 wurde der Ort weitgehend zerstört, und in den Jahren 1965 und 1966 entging er jeweils nur knapp einer großen Katastrophe. Welche Fluten die Leisnitz mit sich führen kann, lässt sich an der Tatsache erkennen, dass mit den ersten urkundlich erwähnten Maßnahmen der Wildbachverbauung bereits 1803 begonnen wurde. Als einer der ersten Wildbäche wurde sie zwischen 1893 und 1998 umfassend gesichert. Um die jüngste Jahrtausendwende wurde die Wildbachverbauung auf die Höhe der Zeit gebracht. Von unten nach oben sind es das „Dosierwerk", das „Sortierwerk" und die „Murbrecher", die dem Hochwasser Einhalt gebieten und als dominante Bauwerke den Graben bestimmen. Der Wasserstein, der auf dem kleinen Platz zwischen Kirche und Straße steht, kann als Sinnbild des gezähmten Wildwassers gesehen werden.

Weil die gesamte Halbtageswanderung, die auch mit kleineren Kindern leicht zu machen ist, mit dem Wasser zu tun hat, ist der Wasserstein als Ausgangspunkt wie geschaffen. Westlich der Kirche gehen wir in südlicher Richtung auf den Graben zu und kommen bald an den kleineren Häusern vorbei, die sich auf beiden Seiten des Baches an die Abhänge schmiegen. Dass auch auf den schmalsten Grundstücken vor den Häusern am Ausgang des Grabens kleine Hausgärten angelegt sind, ist im Lungau eine sehr sympathische Selbstverständlichkeit. Das Rauschen des einstigen Wildbaches begleitet uns von Anfang an und lässt ahnen, wie gewaltig er anschwellen kann. Nach etwa einem Drittel des Weges kommen wir zum Dosierwerk, das aus einer Mauer mit ein Meter breiten Schlitzen besteht, die einen dosierten Wasserdurchlauf gewährleisten. Das Sortierwerk wiederum ermöglicht das Sortieren von sogenanntem Grobgeschiebe, worunter Wildholz und Felsbrocken zu verstehen sind. Nach etwa einer Gehstunde erreichen wir den

Murbrecher, der mithilfe von 1,40 Meter starken Längsscheiben mit Stahlblechpanzerung die stoßweisen Murenabgänge brechen soll. Den drei Betonbauten sind Stauräume für insgesamt 62.000 Kubikmeter Wasser und Geschiebe vorgebaut. Für Kinder gibt es am Rande des Weges Tafeln, auf denen Märchen und Sagen erzählt werden. Mindestens so spannend sind aber auch die Zwergenhöhle und die Wasserpumpe samt hölzernem Speicher und Wehranlage. Im Hochsommer gehört zur Wanderung selbstverständlich auch ein Bad im Bach.

Nach eineinhalb Stunden Gehzeit biegt der Weg nach rechts ab und führt im Weiteren an einem Wildgehege vorbei. Auf einem Weg mit ausgedehnten Serpentinen geht es ins Dorf zurück, wo wir im familiär geführten Landgasthof Löckerwirt, gegenüber der Pfarrkirche, einkehren und es uns im schattigen Gastgarten gut gehen lassen, während die Kinder den großen Spielplatz mit Streicheltieren erkunden.

Seit Generationen ist der Landgasthof Löckerwirt ein Geheimtipp im Lungau. Feine, regionale Küche mit besten Grundlagen aus der eigenen Biolandwirtschaft ist gepaart mit echter Gastfreundschaft. Für einen Aufenthalt gibt es wunderschöne, gemütliche Zimmer. Die „Auszeit" mit finnischer Sauna, Infrarot und Raum der Stille garantiert entspannte Stunden nach einer erlebnisreichen Wanderung.

Landgasthof Löckerwirt,
Dorfstraße 25, 5581 St. Margarethen, Tel. 06476/212,
info@loeckerwirt.at, www.loeckerwirt.at

Von St. Margarethen auf die Laußnitzhöhe

Auf römischen „Abwegen"

- **Tourcharakter:** Tageswanderung
- **Ausgangs- und Endpunkt:** Kirche St. Margarethen
- **Weglänge:** 16 km
- **Gesamtdauer:** 6 h
- **Höhenunterschied:** 750 hm
- **Besonderheit:** Meilensteine aus der Römerzeit

Die topografische Lage hat den Lungau schon sehr früh zu einem strategisch wichtigen Durchzugsgebiet gemacht. Der Bogen spannt sich von den Ziehwegen, die angelegt wurden, als das Königreich Noricum Teil des römischen Reiches und später sogar römische Provinz wurde, bis zum vierspurigen Ausbau des Tauerntunnels in jüngster Zeit. Die von Kaiser Septimius Severus im 3. Jahrhundert wiederhergestellte Trasse der Verbindung von Iuvavum nach Aquileia nahe dem heutigen Triest, führt auf Lungauer Boden vom Radstädter Tauern, von den Römern „in alpe" genannt, über Moosham nach St. Margarethen und von dort durch den heutigen Greinwald auf die Laußnitzhöhe. Von dort geht es weiter nach Teurnia bei Spittal an der Drau. Die Trassenführung durch den Greinwald ist zumindest abschnittsweise bis heute erhalten geblieben.

Wir orientieren uns bei der Tageswanderung, die beim Wasserstein vor der Kirche in St. Margarethen beginnt, an ausgeschriebenen Wanderwegen und gehen zuerst an der Leisnitz entlang. Nach einer guten Stunde folgen wir dem Hinweisschild „Römersteine" und stehen knapp 20 Minuten später an einer kleinen Waldlichtung vor drei Stelen auf einer Steinplatte. An dieser Stelle lief die Trasse des von Kaiser Septimius Severus wiedererrichteten Römerweges von Moosham über die Laußnitzhöhe nach Teurnia vorbei. Gedanklich wieder im Hier und Jetzt setzen wir unsere Wanderung auf einer breiten und angenehm zu gehenden Forststraße fort. Sie führt uns nach einer knappen Stunde zur Abzweigung von der Forststraße auf den Wanderweg Richtung Bonner Hütte, der sich durch ein Moorgebiet schlängelt, das schon von Weitem durch das weiß schimmernde Wollgras auszumachen ist. Kurz vor der Bonner Hütte biegen wir an der Landesgrenze zu Kärnten nach Westen ab und folgen ein Stück dem Arnoweg, bis uns der Pfeil zur Kößlbacherhütte nach rechts weist. Von dort geht es über breit angelegte Serpentinen ins Tal.

Von Thomatal nach Bundschuh

Zwischen zwei Lungauer Unikaten

- **Tourcharakter:** Leichte Tageswanderung
- **Ausgangs- und Endpunkt:** Kirche in Thomatal
- **Weglänge:** 13 km
- **Gesamtdauer:** 6 h
- **Höhenunterschied:** 300 hm
- **Besonderheit:** Industriemuseum

Dr. Valentin Pfeifenberger (1941–2004), schlicht „Voitl" genannt, gebürtiger Zederhauser und ein halbes Jahrhundert lang Pfarrer in Thomatal, war ein Original, wie es sich für den Lungau gehört. Wohl auch deshalb gab man ihm das Attribut „Bischof vom Lungau". Der beliebte Seelsorger passte schon von seinem Äußeren her in keine Schablone. Mit der hageren Gestalt, den langen Haaren und dem nicht minder langen Bart hätte er 2000 Jahre früher als Apostel durchaus Karrierechancen gehabt. Und wenn er am Palmsonntag auf dem Esel reitend durch Thomatal zog, drängten sich durchaus Vergleiche mit Darstellungen des Einzugs Jesu in Jerusalem auf, wie wir sie aus der Bibel kennen. Die Kirche vor der das Denkmal an Valentin Pfeifenberger steht, ist dem heiligen Georg geweiht und eine Wallfahrtskirche für Bauern und Viehzüchter. Sie ist die einzige Pfarrkirche im Land Salzburg ohne Heizung und elektrisches Licht.

Von Thomatal bis zum Bergbaumuseum Bundschuh sind 300 Höhenmeter zu überwinden. Das Hochtal ist insgesamt als Landschaftsschutzgebiet ausgewiesen und ideal für eine Wanderung, wenn man den Lungau kennenlernen möchte, ohne weit in die Täler hineinfahren zu wollen. Bekannt wurde Bundschuh durch den Abbau von Eisenerz, dessen Anfänge bis ins frühe 16. Jahrhundert zurückreichen. Von den zehn Kilometer taleinwärts bei Schönfeld gelegenen Erzlagern wurde das Eisenerz mit Ochsenkarren zur Verhüttung herausgefahren. Bundschuh war seinerzeit eines der größten Bergbaureviere, allein im Hüttenbereich mit dem Hochofen, mehreren Röstöfen und dem Gebläsehaus waren an die 100 Arbeiter tätig. Das Wahrzeichen dieser ehemaligen Industrieanlage ist der 1867 erstmals angeblasene und 1975 renovierte Hochofen, der eine Höhe von insgesamt 25 Metern misst. Das dazugehörige Museum wird im Frühjahr 2012 neu eröffnet werden.

Wir starten beim Denkmal für Valentin Pfeifenberger, in Thomatal, das sich auf der kleinen Grünfläche vor der Wallfahrtskirche in Thomatal befindet. Der als Lungauer Kulturwanderweg ausgewiesene Weg führt von Thomatal in nordwestlicher Richtung und macht nach etwa eineinhalb Kilometern eine scharfe Linkskurve, wo aus dem Bundschuhbach der Thomatalbach wird. Danach geht es eine kurze Strecke auf dem Wanderweg Nr. 67 und anschließend auf dem Weg Nr. 69 rund fünf Kilometer taleinwärts, wobei es auf einigen Abschnitten durchaus etwas steiler wird. Der Weg führt zumeist über Wiesen und immer wieder am Bundschuhbach entlang. Beim Bergbaumuseum Hochofen Bundschuh auf 1350 Meter angekommen, haben wir immerhin 300 Höhenmeter überwunden. Der Rückweg entspricht dem Hinweg.

31

Über die „Gaipa“

Im Grenzland zwischen Salzburg und Kärnten

- **Tourcharakter:** Tagestour
- **Ausgangs- und Endpunkt:** Bergbaumuseum Bundschuh
- **Weglänge:** 15 km
- **Gesamtdauer:** 7 h
- **Höhenunterschied:** 850 hm
- **Besonderheit:** Idyllische Bergseen

Auch bei dieser Tour gilt wie so oft in den Bergen: Nicht der Gipfel, sondern der Weg ist das Ziel. In diesem Fall muss man sich das sowohl für den Weg auf den Gipfel hinauf wie für den anschließenden Rückweg ins Tal zu Herzen nehmen. Die Gaipahöhe, die von den Lungauern einfach nur „Gaipa“ genannt wird, ist kein Solitär, sondern eine von vielen sanften Kuppen im Nockgebiet, die einen weiten Blick in die Kärntner Nockberge öffnet. Da die Gletscher der Eiszeit nicht bis hierhin vorgedrungen sind, gibt es hier auch weniger Seen, als man das von den übrigen Gebirgszügen, die den Lungau umfassen, gewohnt ist. Die Region um Gaipa und Gmeinnock macht eine rühmliche Ausnahme.

Die Tour beginnt bei der Station des Tälerbusses vor dem Bergbaumuseum Bundschuh, mit dem wir bis zur Dr.-Josef-Mehrl-Hütte fahren. Zu beachten ist dabei, dass der Tälerbus nur in der Zeit der Sommerferien verkehrt. Außerhalb dieser Zeit ist es ratsam, mit zwei Autos zu kommen. Eines wird beim Museum abgestellt, und mit dem zweiten fährt man bis zur Mehrl-Hütte. Unmittelbar neben der Hütte beginnt der Aufstieg zur Mattehanshöhe auf 2086 Metern. Damit befinden wir uns in der Gegend der ehemaligen Erzlager, wo wir einen kurzen Abstecher zu den wieder hergestellten ehemaligen Knappenhäusern machen, die rechts des ausgewiesenen Wanderweges etwas abseits stehen. Der Weg an der Landesgrenze zu Kärnten und damit auch ein Abschnitt des Arnoweges führt uns weiter zur Zechnerhöhe auf 2188 Metern. Südlich der Zechnerhöhe liegt die sogenannte Blutige Alm, auf der es der Legende nach im frühen 8. Jahrhundert zu einem erbitterten Kampf zwischen Slawen und Bajuwaren gekommen sein soll. Ohne weitere Steigungen erreichen wir nach einer knappen Stunde die mit Gras bewachsene Kuppe der Gaipa auf 2192 Metern und genießen erst einmal den Blick über die Kärntner Nockberge.

Weil wir die wenigen Seen im Nockgebiet nicht vernachlässigen wollen, nehmen wir nicht den von der Gaipa nördlich verlaufenden Weg zurück zum Bergbaumuseum, sondern bleiben auf dem Arnoweg in westlicher Richtung bis zur Kameritzhöhe und wenden uns von dort hinunter zum idyllisch gelegenen Anderlsee, der zu einem kurzen Bad einlädt. Über einen etwas sumpfigen Steig geht es weiter zum Gmeinnock und zum Laußnitzsee. Nach einem Abstecher auf Kärntner Territorium gelangen wir wieder auf den Grenzweg entlang des Blareitbaches, den wir schließlich verlassen, um in Richtung Hochofenmuseum zurückzugehen.

32

Von Ramingstein auf den Kleinen Königstuhl

Fünf Gipfel an einem Tag

- **Tourcharakter:** Ambitionierte Tagestour
- **Ausgangspunkt:** Ramingstein
- **Endpunkt:** Karneralm
- **Weglänge:** 13 km
- **Gesamtdauer:** 6,5 h
- **Höhenunterschied:** 1300 hm
- **Besonderheit:** Wenig begangene Route

Das Nockgebiet mit den weitläufigen Almböden und sanften Kuppen ist wie geschaffen für leichtere Wanderungen mit der Familie. Trotzdem kann es die eine oder andere Tour auch in sich haben und zu einer Herausforderung werden. Ein Beispiel dafür, dass auch in den Nockbergen Kondition und Ausdauer gefragt sein können, ist die Tour auf den Kleinen Königstuhl, wenn man sie von Ramingstein aus macht. Der Kleine Königstuhl misst zwar nur 2254 Meter, aber auf dem Weg zu ihm, hat man bereits vier andere Gipfel bestiegen.

Wir starten an der Nordseite der Ramingsteiner Kirche. Der steile Kirchsteig zur Burg Finstergrün hinauf gibt uns einen ersten Eindruck davon, dass es im weitgehend sanften Nockgebiet stellenweise auch ziemlich anstrengend werden kann. Auf der Burg orientieren wir uns am Hinweisschild zum Kleinen Königstuhl, gehen am bergwärts stehenden Rundturm vorbei und kommen über die Burgpromenade auf einen Güterweg, über den wir in mehreren breit angelegten Kehren bis zur Klementikapelle auf 1431 Meter wandern. Das Ziel der nächsten Etappe ist der Gipfel der 1890 Meter hohen Gstoßhöhe, zuerst durch Hochwald und anschließend über Almböden, wo man auf die wenigen Markierungen achten muss. Auf der Gstoßhöhe befinden wir uns am nördlichen Ende eines Kammes, der sich auf einer Strecke von etwa sechs Kilometern bis zum Kleinen Königstuhl erstreckt. Der Höhenunterschied ist zwar nicht mehr gravierend, dafür kann die Witterung ein anstrengender Begleiter werden, weil man ihr auf dem Kamm schutzlos ausgeliefert ist. Auch die durchaus Kräfte zehrenden Gegenanstiege sollen nicht unerwähnt bleiben. An der Gstoßlacke vorbei geht es in südlicher Richtung zum Gipfel Nummer zwei, dem Windriegel (2017 Meter). Mit Vordereck (2129 Meter), Feldernock (2257 Meter), und Kleinem Königstuhl folgen die Gipfel drei, vier und fünf. Leichter geschrieben, als gegangen, denn nach dem Vordereck geht es zuerst einmal zur Lachtalscharte hinunter und den Gegenhang wieder hinauf. Beim Feldernock wendet sich der Kamm dann nach Westen und wird auf einem kurzen Abstieg ziemlich kantig. Im Volksmund heißt dieser Abschnitt deshalb auch „Sauzähne". Zum Ausweichen der Sauzähne verläuft etwas unterhalb ein schmaler Schafsteig. Auf dem Kleinen Königstuhl angekommen, darf ein wenig gerastet und der Blick über die Nockberge genossen werden, ehe wir den einstündigen Weg zur Karneralm antreten. Nach dem ersten steilen Abstieg geht es moderat zur Mislitzscharte hinunter und von dort weiter über Almmatten. Da die Karneralm nicht mit dem Tälerbus angefahren wird, muss man sich die Rückfahrt ins Tal selber organisieren. Entweder man lässt sich privat abholen oder bestellt ein Taxi zur Rückfahrt nach Ramingstein.

33

Rundweg über den Großen Königstuhl

Bellevue im Dreiländereck

- **Tourcharakter:** Tagestour
- **Ausgangs- und Endpunkt:** Dr.-Josef-Mehrl-Hütte
- **Weglänge:** 10 km
- **Gesamtdauer:** 7 h
- **Höhenunterschied:** 600 hm
- **Besonderheit:** Tour mit insgesamt sechs Gipfeln

Der Höhenunterschied zwischen den beiden Königstühlen, dem Großen und dem Kleinen, beträgt bescheidene 82 Meter. Für unsere Tour ist ausschlaggebend, dass er nicht nur höher

ist, sondern im Wettbewerb mit dem kleineren Bruder um die Zahl der Gipfel, die auf dem Weg zu ihm zu erklimmen sind, die Nase um einen Gipfel vorne hat.
Wir beginnen die Tagestour in Schönfeld, dem hinteren Bundschuh, bei der Dr.-Josef-Mehrl-Hütte, die auf 1720 Meter liegt. Von dort geht es zuerst auf einer Schotterstraße bachaufwärts und danach bis zum Anstieg zu den Überbleibseln des einstigen Bergbaus über einen flachen Almboden. Mit dem Stubennock auf 2092 Metern beginnt ein interessantes und abwechslungsreiches, wenn auch abschnittweise mühsames Auf und Ab durch die Welt der Nockberge. Dem Stubennock folgen in gut halbstündigem Abstand Sauereggnock (2240 Meter), Vogelsangberg (2207 Meter), Seenock (2260 Meter) und Friesenhalshöhe (2246 Meter). Bevor es schließlich auf den angepeilten Höhepunkt zugeht, ist noch ein kurzer Abstieg durch die Königstuhlscharte zu absolvieren, um danach in einer halben Stunde auf einem Serpentinenweg über sechs Schleifen auf den Gipfel des 2336 Meter hohen Großen Königstuhl zu gelangen, der sich bei klarer Sicht in der Schartenlacke spiegelt. Der Große Königstuhl führt zwar das Attribut des Grenzberges, den sich zu fast gleich großen Teilen die Länder Salzburg, Kärnten und Steiermark teilen, wirklich beliebt ist er aber wegen des Panoramas, das er von seiner Kuppe aus bietet: Zum einen genießt man den großartigen Ausblick auf die Kärntner Nockalmstraße, zum anderen den ins sehr idyllische Rosanintal mit See und den Mäandern des Kremsbaches.

Der Rückweg führt uns zuerst wieder über die Königstuhlscharte, bei der wir kurz danach rechts ins Rosanintal abbiegen und in nördlicher Richtung, vorbei am teilweise schon verlandeten Rosaninsee, talauswärts wandern. Dabei geht es den Kremsbach entlang, übrigens das einzige Gewässer im Lungau, das nicht in die Mur fließt, sondern in die Lieser mündet. Die Wanderung zurück nach Schönfeld und zur Dr.-Josef-Mehrl-Hütte entlang des Wildbaches und schließlich durch die romantisch wilde Donnerschlucht ist ein wunderschöner Abschluss der Tour auf den Drei-Länder-Berg.

Ein ziemlicher Lackel

Brauchtum gehört zum Lungau ebenso wie die langen Täler und die vielen Bergseen. Und ein besonders wichtiges Datum im Brauchtumskalender der meisten Lungauer Gemeinden ist die Samson-Prozession, die meist drei Mal im Jahr stattfindet. Traditionell wird mit dem Samson zu Fronleichnam und zum Patronatsfest der Pfarrkirche sowie zu anderen wichtigen dörflichen Ereignissen gefeiert. Über die Ursprünge der Riesenfigur und seine historische Zuordnung wurde und wird viel spekuliert. Die Historiker sind sich jedoch einig, dass der Samson ein „Überbleibsel" jener großen, von den Franziskanermönchen veranstalteten Umzüge ist, die die Bevölkerung wieder zum katholischen Glauben zurückbringen sollten. Da sich die Lungauer fast vollständig den Lehren Luthers angeschlossen hatten, wurde der Orden der Franziskaner beauftragt, die Menschen wieder „katholisch zu machen". Bei den in barocker Manier üppig gestalteten Umzügen wurden auch aussagekräftige Figuren und Symbole aus dem Alten und Neuen Testament mitgeführt. Eine dieser Figuren war der Samson, der seit 2010 als immaterielles Kulturerbe der UNESCO gilt.

Die Lungauer Samsone orientieren sich in ihrem Aussehen an Darstellungen und Deutungen der alttestamentarischen Figur, die allein mit einem Unterkieferknochen 1000 Philister, Angehörige des Nachbarvolks der Israeliten, getötet haben soll. Deshalb halten die Samsone auch die Nachbildung eines Knochens, umgangssprachlich „Eselskinnbacken" genannt, in der Hand. Ein weiteres wichtiges Attribut ist die Haarpracht des Samsons, denn, so verrät es Dalila, in die er sich verliebte, das Geheimnis seiner Kraft liege im Haar.

Die Reformen des letzten regierenden Salzburger Fürsterzbischofs Hieronymus Graf von Colloredo führten 1784 zum

Ein ziemlicher Lackel

Verbot dieser Prunkprozessionen und brachten 1803 das endgültige Verbot der Samsone.

Doch ganz offensichtlich hatten die Riesen längst die Herzen der Lungauer erobert und ab Mitte des 19. Jahrhunderts tauchten sie bereits vereinzelt wieder auf. Ein Gemeinderatsbeschluss von 1859 führte schließlich zur offiziellen „Rehabilitierung". Ab 1900 war das Samsontragen in Tamsweg, St. Michael, Mauterndorf und Muhr wieder etabliert, weitere Gemeinden folgten. Obwohl das Wiederbeleben dieses Brauchtums eher im Dunkeln liegt, hat dabei sicher auch das neu geordnete politische Leben im Land Salzburg eine Rolle gespielt.

St. Margarethen hatte zwar erst ab 1927 einen Samson, er gelangte durch einen Erbfall von Unternberg hierher, wurde nur wenige Male herumgetragen und geriet bald in Vergessenheit. Dafür darf sich der Ort seit 2001 damit brüsten, mit einem der schwersten Riesen des Lungaus aufwarten zu können. Dabei war das Motto Anfang des Jahres 2001 „Groaß muaß a nit sei, oba schea!“ Das hatte man in einer offiziellen Samsonversammlung beschlossen. Als der neue Samson anlässlich des Patronatsfestes der Pfarrkirche zum ersten Mal der Öffentlichkeit vorgestellt wurde, hatte er schon etwas Speck verloren, das heißt, er wurde durch Umbauten leichter gemacht. Ein paar Jahre später wiederholte sich die Prozedur des Abnehmens. Offiziell wird der Samson von St. Margarethen in der Liste der Lungauer Riesen mit einer Größe von 6,10 Metern und einem Gewicht von 95 Kilogramm geführt. Diese Masse wird von nur einem Mann geschultert, dem jedoch eine Handvoll „Aufhaber“ zur Seite stehen, jene Männer, die beim Anheben und Abstellen behilflich sind und auch während der Prozession einspringen, sollte es zu Komplikationen kommen.

Vom Bach zum Fluss

Schareck
2466
Holzeralm
Gamsstadl
(2004)
Moserkopf
1896
Pürstlmoos
Zankwarn
Bruggarn
Ghf. Häuserl im Wald
Örmoos
Fanning
Mariapfarr
Bruckdf.
(1120)
Miesdf.
Lintsching
Taurach
Faningberg
Seitling
Althofen
Stockerfeld
Museumsbahn
Hammer
Ghf. Jacklbauer
Stampfl
St. Gertrauden
Steindorf
Pichl
Hst.
95
Tullnb
Resthütte
Burg Mauterndorf
Am Moos
Stranach
Paßegger
Litzelsdor
Mauterndorf
Gröbendf.
Speiereckhütte
Großeck
(1123)
Flugfeld
Bhf.
Speiereck
2411
Mittelstation
Mitterberg
Mörtelsdorf
Trogalm
Sonnenalm
Begöriach
Friml
Juden
Stegerhütte
Peterbauernalmstube
99
Petzlmoos
Petzlkapelle
96
Am Leonharsc
Speiereck-Halterhtt.
A10
Neggerndorf
Unternberg
Pfaffenberg
Peterbauer
Neuseß
Voidersdorf
Moosham
Gappmaier
siehe Karte Os
Dasl
St. Michael im Lungau
(1075)
Litzldf.
Martiniberg
(1092)
Schloss Moosham
Flatschach
St. Egid
Ob.-weißburg
Wieden
St. Martin
Stofflerwirt
Staig
Fa. Ökopharm
Pichl
Goldbrunnock
1766
Ut.-
Maut
Hof
Auf der Au
Pischelsdorf
MICHAEL
Glashütte
Stranach
Mur
Feld
Golfplatz
96
Schwarzenbe
1779
Triegen
Ut.-bayrdorf
Pichlern
Wiesenbauer
Ob.-
99
St. Margarethen im Lungau
(1066)
Gruben
Thomatal
(1046)
Aineckstube
(1532)
Bundschuh
Thomabach
Katschberg
1641
Aineck
2210
Kösselbacher Alm
(1790)
Fegend
Katschbergtunnel
(5.500 m)
Kocherhütte
Ruine Turnschall
Überling-Sonnseite
Baierlhütte
Seetaler Bach
Seetal
Ruine Klauseck
St. Andrä im Lungau
Haiden
Refling
Seetaler See
In der Stadt
Wenger
Haslach
Waltl
Traning
Penk
Schwarzenbichl
Gsto
Wölting
Atzmanndorf
Dorfer Hütte
(1644)
Mehl-hartlau
Burgstall
Pöllitz
Reiterau
Proding
Sauerfeld
(1109)
Sauerfelder Wald
Otting
Bhf.
Gensgitsch
Tamsweg
Glanz (1022)
St. Leonhard
Brandstetterhütte
Einacher Hütte
Payerhöhe
1966
Binglhütte
Trattlerhütte
(1780)
Hartlamnock
1777
Mur
siehe Karte West
Sauerfelder Htt.
Lasaberg
1935
Greither Hütten
Moditzbauer
95
Tschellahütten
Hiasbauer in der Gruben
(1834)
Lasaberg
Sonnberg
Stadl an der Mur
Keusching
Schloss Goppelspach
(884)
Einach
97
Mignitz
Pichl
Hst.
Madling
Muhr
Silberschaubergwerk
Hst.
Paal
Tafern
Bhf.
Hst.
Hintering
Mitterberg
Karlsbergerhütte
Ramingstein
(974)
Burg Finstergrün
Hst.
Hst.
Hst.
Predlitz
(971)
Kendlbruck
Pirning
Joslhütte
(1510)
Wald
Tschröttershütten
Maria Hollenstein
Melchartboden
Pirkegg
Gstoßhöhe
1890
0
1
2

Der Mur entlang

Fast genau an derselben Stelle, wo die Besucher des Lungaus bei St. Michael von der Tauernautobahn abfahren, fließen der Zederhausbach und die Mur am östlichen Ausläufer des Zickenbergs zusammen. Ab hier weitet sich das Tal, das zuerst östlich und ab Pischelsdorf, einer kleinen Ortschaft, die zu Unternberg gehört, bis Tamsweg in nordöstlicher Richtung verläuft. Nach Tamsweg fließt die Mur nach Süden zwischen Schwarzenberg und Lasaberg, um dann bei der Einmündung des Thomatalbachs weiter Richtung Osten zu verlaufen und nach Ramingstein den Lungau zu verlassen. Auf dieser Strecke legt sie knapp 35 Kilometer zurück. Insgesamt fließt sie vom Mur-Ursprung bis zur Landesgrenze auf einer Länge von 58 Kilometern durch den Lungau und nimmt dabei fast alle Gewässer im Nockgebiet auf. Die einzige Ausnahme bildet der Kremsbach. Er fließt in die Lieser, die ihrerseits auf Kärntner Boden bei Gmünd in die Malta mündet.

Auch die Mur zog sich wie andere Flüsse vor ihrer Regulierung mäanderartig über den Talboden, was für die Bewirtschaftung und landwirtschaftliche Nutzung der Uferregionen mit großen Schwierigkeiten verbunden war. Zudem litt die Gesundheit der Bevölkerung unter der sumpfigen Gegend. 1870 wurde schließlich mit der Regulierung der Mur begonnen.

St. Michael, die zweitgrößte Ortschaft im Lungau, was die Zahl der Einwohner betrifft, ist sicherlich auch einer der bekanntesten Orte im Bezirk. Das liegt zum einen an der Autobahnabfahrt und zum anderen an den beliebten Skiregionen Großeck-Speiereck in den Radstädter Tauern und Katschberg-Aineck im Grenzgebiet der Nockberge und der Hohen

Tauern. Nach St. Michael fließt die Mur in östlicher Richtung und zieht an den westlichen Ausläufern des Schwarzenbergs leicht nach Norden. Zuvor lässt sie St. Margarethen rechts und Schloss Moosham links von sich liegen. Schaut man von St. Margarethen nach Norden über das Tal, bietet sich ein sehr schöner Blick auf Schloss Moosham, das aus den Resten der Römersiedlung Immurium errichtet wurde. Die Wortsilbe „ham" verweist auf die Zeit der Bajuwaren, und die südliche Umgebung des Schlosses, das jetzt in der dritten Generation den Nachkommen von Hans Nepomuk Graf Wilczek gehört, ist auch heute noch von einer moorigen Landschaft geprägt. Flatschach und Stranach wiederum, Ortschaften, die wie Schloss Moosham zur Gemeinde Unternberg gehören, gehen auf die Zeit der Slawen zurück, die von den Bajuwaren vertrieben wurden. Unternberg bekam am Ende der 1970er-Jahre den bislang einzigen modernen Kirchenbau im Lungau und erregte damit einiges Aufsehen. Der quadratische Altarraum ist mit einem Gemälde von Wolfgang Hollegha geschmückt, einem der bedeutendsten abstrakten Maler Österreichs.

Zwischen Mitterberg und Schwarzenberg fließt die Mur weiter in nördlicher Richtung auf Tamsweg zu, den Hauptort des Bezirks. Sie fließt zwischen dem Markt mit gut 5700 Einwohnern und der Wallfahrtskirche St. Leonhard, einem gotischen „Gesamtkunstwerk", vorbei, ehe sie sich in einem 45-Grad-Winkel dem Süden zuneigt, um in einer engen Furche zwischen Schwarzenberg und Lasaberg nach Madling, einer zu Ramingstein gehörenden Ortschaft, zu fließen. Dort nimmt sie den von Westen kommenden Thomatalbach auf und rauscht neben Bundesstraße und Schmalspurbahn durch das Gemeindegebiet von Ramingstein, wo sie kurz nach Kendlbruck auf Salzburger und vor Predlitz auf steirischer Seite den Lungau verlässt. In Ramingstein, dem einzigen Ort im Lungau, der auf unter 1000 Metern liegt, wurde im ausgehenden 11. Jahrhundert die Burg Finstergrün zum Zweck der Grenzsicherung errichtet. Der Burg gegenüber, am linken Murufer, erhebt sich der 1375 Meter hohe Altenberg, in dem ab dem späten

14. Jahrhundert Silber und Blei abgebaut und Marmor gebrochen wurde. In der Ortschaft Kendlbruck zieht sich der Mühlbachgraben über die Ausläufer der Nockberge hinauf, wo vom Mittelalter an bis ins ausgehende 19. Jahrhundert nach Erzen geschürft wurde.

34

Zwischen Ägidi und St. Martin

Am Fuße des Speierecks

- **Tourcharakter:** Tageswanderung
- **Ausgangs- und Endpunkt:** St. Michael im Lungau, Pfarrkirche
- **Weglänge:** 15 km
- **Gesamtdauer:** 7 h mit Aufenthalt in der Einsiedelei
- **Höhenunterschied:** 100 hm
- **Besonderheit:** Drei Kirchen an einem Tag

Der Michaelitag wird am 29. September gefeiert, der des heiligen Ägidius, Egid, Gilgen oder Gilles, wie er im Französischen heißt, jedoch schon am 1. September. Und das Martinigansl wird am 11. November verspeist, nachdem die Kinder mit den Laternen durch den Ort gezogen sind. In Gegenden, wo Wein angebaut wird, kommt zu St. Martin auch der neue Wein auf den Tisch, aber nicht bevor er „gelobt" worden ist. Weil in der byzantinisch geprägten Kirchenwelt am 11. November eine Fastenzeit begonnen hatte, wurde noch einmal auf den Putz gehauen, nicht zuletzt deshalb wird an diesem Tag – zumindest dem Kalender nach – auch der Anfang des Faschings gefeiert. Der Todestag des heiligen Martin, Bischof von Tours in Frankreich, ist auch als Zins- und Zehenttag bekannt, an dem abgerechnet, bezahlt, entlassen und neu eingestellt wurde. St. Egid ist der einzige der Vierzehn Nothelfer, der dem Martyrium entkommen ist. Der Gründer der Benediktinerabtei St. Gilles in Frankreich, die während der Hugenottenkriege größtenteils zerstört worden war, hat als Patron viel zu tun: Um seine Gunst und Hilfe bitten stillende Mütter und Hirten ebenso wie Bettler, Versehrte und unheilbare Kranke. Wir kümmern uns jedoch nicht um die Chronologie des Kirchenkalenders, sondern erweisen zuerst dem Erzengel die Reverenz, gehen dann zum Kirchlein St. Egid und schließen mit dem heiligen Martin ab, wie es sich gehört.

Unsere Tagestour startet in der Pfarrkirche, im Ortszentrum von „Michöi", wie die Lungauer zu St. Michael sagen. Außen fällt der markante Spitzhelmturm sofort ins Auge, innen gilt das Interesse dem Kontrast zwischen dem spätgotischen Hauptschiff mit Netzrippengewölbe einerseits und dem romanisch-frühgotischen Altarraum mit Kreuzrippengewölbe und dem beachtenswerten Volksaltar des Bildhauers Peter Brandstätter aus St. Michael von 2008. Von der Kirche gehen wir anschließend in westlicher Richtung über den Raikaplatz und durch Rotkreuzgasse und Schwimmbadgasse bis zur ehemaligen Wallfahrtskirche St. Egid. Von dem schlichten, etwas gedrungen wirkenden Bau aus dem späten 13. Jahrhundert mit der östlich stehenden Kalvarienbergkapelle hat man einen guten Blick auf den Katschberg. Wir wandern weiter in Richtung Osten, kommen durch die Ortschaft Dasl und in nördlicher Richtung nach Oberweißburg, wo wir unter der Tauernautobahn hindurchgehen bis zum Zederhausbach, den wir überqueren und an dessen rechtem Ufer wir bis zu seiner Mündung in die Mur spazieren. Für die ersten paar hundert Meter bleiben wir auf der rechten Flussseite, um dann südlich der kleinen Ortschaft Höf auf die linke Seite zu wechseln.

Bei der übernächsten Möglichkeit biegen wir links in die Austraße ein, kreuzen die Bundesstraße und gelangen anschließend über die Marktstraße wieder zur Kirche hinauf, die wir rechts passieren und uns immer in östlicher Richtung halten. Dabei kommen wir durch die Ortschaft Litzldorf und weiter über die Martinerstraße nach St. Martin, zur dritten Kirche auf unserer Wanderung. Die Filialkirche St. Martin fällt zum einen durch ihren massiven Westturm auf und zum anderen durch die bemerkenswerten Fresken aus dem späten 14. Jahrhundert an der Nordwand. Im oberen Freskenzyklus ist Christus in der Mandorla, die mit „Gloriole“ oder „Aura“ übersetzt werden kann und nicht mit dem Heiligenschein zu verwechseln ist, mit den Aposteln dargestellt. Im unteren Zyklus ist eine Reihe von Heiligen abgebildet, unter ihnen Leonhard, Margarethe, Maria Magdalena, Wolfgang, Katharina von Alexandrien und Paulus.

Für den Rückweg nach St. Michael wandern wir von der Kirche ein paar Schritte in östlicher Richtung zurück, biegen rechts in die Ablenzergasse ein und nach ein paar Häusern stoßen wir auf den Wanderweg Nr. 91/56, in den wir rechts abzweigen. Auf diesem Rundwanderweg gehen wir nach St. Michael zurück.

Von Unternberg nach Moosham

Alte Kultorte des Lungaus

- **Tourcharakter:** Halbtageswanderung
- **Ausgangs- und Endpunkt:** Kirche in Unternberg
- **Weglänge:** 8 km
- **Gesamtdauer:** 4 h
- **Höhenunterschied:** 250 hm
- **Besonderheit:** Viel Geschichte und schöne Landschaft

Neben Mauterndorf ist Unternberg als ältestes Lehen im Lungau, über das es schriftliche Aufzeichnungen gibt, anzusehen. Als solche wurden beide Lehen in den Jahren 1002 und 1003 von König Heinrich II. dem Salzburger Bischof Hartwig auf Lebenszeit zum Geschenk gemacht. Nach dessen Tod ging Mauterndorf an das Domkapitel und das spätere Unternberg an das Frauenkloster auf dem Nonnberg. Dieses Geschenk sicherte den Einfluss der Salzburger Bischöfe und Klöster im Lungau bis zum Ende des Kirchenstaates.

Auf dem Gebiet der Gemeinde Unternberg gibt es noch eine zweite Adresse, die als Kultort im Lungau gilt: Schloss Moosham. Gebaut auf und aus den Resten einer verfallenen Römersiedlung, ist der Vorgängerbau erstmals 1212 urkundlich erwähnt. Als in den 1960er-Jahren am Südhang des Mitterbergs, oberhalb von Schloss Moosham, Ausgrabungen durchgeführt wurden, entdeckte man unter den zehn Gebäuden der Siedlung eine Mansio, darunter ist eine Straßenstation zu verstehen, ein Badhaus und eine Kultstätte für Mithras, eine römische Erlösungsgottheit mit orientalischen Wurzeln. Immurium nannten die Römer die Siedlung an der Norischen Hauptstraße, die Iuvavum (Salzburg) und die Provinzhauptstadt Virunum am Kärntner Zollfeld miteinander verband. Straßenstationen mit der Möglichkeit, zu übernachten und die Pferde zu wechseln, wurden im Abstand von je einer Tagesreise angelegt. Nach den Römern kämpften Slawen und Bajuwaren um die Vorherrschaft im Lungau. Wie auch in den anderen Gauen im Innergebirg entwickelte sich das Fürsterzbistum aus einer Reihe von Grafschaften und Lehen unter bairischer Hoheit. Vom 13. bis zum 18. Jahrhundert war Schloss Moosham Sitz der Verwaltung und des Hochgerichts im Lungau, die in der Verantwortung des Pflegers lagen. Als Gerichtssitz hat das Schloss, in dessen Ostturm Kerker- und Folterräume samt den entsprechenden Werkzeugen zu besichtigen sind, traurige Berühmtheit erlangt. Hier wurde auch Christina Staudinger gefoltert, die als letzte „Hexe" des Lungaus 1682 auf der Richtstätte Passeggen auf dem Scheiterhaufen verbrannt wurde. Nachdem das Pfleggericht 1790 in das ehemalige Kapuzinerkloster nach Tamsweg übersiedelt war, verfiel Schloss Moosham zusehends und als der Wiener Polarforscher und Mitbegründer des heutigen Heeresgeschichtlichen Museums, Hans Nepomuk Graf Wilczek wegen des Kaufs einer dekorativen Kassettendecke in einem der Repräsentationsräume nach Moosham kam, überredeten ihn die Bauern, doch das gesamte Anwesen zu kaufen. Wilczek, der mit Kohlebergwerken in Böhmen viel Geld verdiente, war an vielen gemeinnützigen Projekten beteiligt. Beispielsweise ließ er gemeinsam mit Theodor Billroth das

Rudolfinerhaus, heute eine Privatklinik in Wien-Döbling, errichten und war maßgeblicher Initiator bei der Gründung der Wiener Freiwilligen Rettungsgesellschaft, die später Teil des Roten Kreuzes wurde. Neben Schloss Moosham besitzt die Familie in Niederösterreich die Burg Kreuzenstein in Leobendorf.

Wir starten bei der Kirche in Unternberg. Der einzige zeitgenössische Kirchenbau im Lungau entstand Ende der 1970er-Jahre, nachdem die alte Kirche baufällig geworden war, und wurde vom österreichischen Architekten Heinz Tesar gebaut. Dem 1939 in Innsbruck geborenen Architekten wurde 2011 der Große Österreichische Staatspreis verliehen. Der aus der Barockzeit stammende Altarraum dient heute als Werktagskapelle. Der neue quadratische Kirchenraum ist diagonal auf den Volksaltar ausgerichtet, und im Mittelpunkt sollte eine Auftragsarbeit des gebürtigen Klagenfurter Künstlers Wolfgang Hollegha stehen beziehungsweise hängen. Als das Bild seinerzeit von der Lungauer Bevölkerung nicht goutiert wurde, hatte es die Erzdiözese zurückgezogen und im Salzburger Bildungshaus St. Virgil aufgehängt. 30 Jahre später unternahm man einen weiteren Versuch, der aber auch scheiterte. Einvernehmlich entschied man, das Bild in Salzburg zu belassen.

Nach dem Besuch der Kirche wenden wir uns auf der Hauptstraße ein kurzes Stück in östlicher Richtung, um nach dem Büro des Tourismusverbandes links in den Himmelsteigrundweg einzubiegen. In großzügigen Serpentinen steigen wir in Richtung Mitterberg hinauf, wo wir bei der vierten Kehre links in den Kühbarnrundweg einbiegen, der uns in westlicher Richtung bis zum Schloss Moosham führt. Zurück nach Unternberg gehen wir auf dem Lungauer Kulturwanderweg, der uns bis zur Kirche führt. Doch zuvor gilt unsere Aufmerksamkeit Schloss Moosham, das in Privatbesitz steht und als Bauwerk insgesamt erheblich interessanter ist als das Museum. Ein Besuch des Museums empfiehlt sich nur jenen, die trotz saftiger Eintrittspreise gewillt sind, ein Sammelsurium an unzureichend beleuchteten Ausstellungsstücken zu bewundern.

Runde um den Schwarzenberg

Drinnen das Gold und oben die Moore

- **Tourcharakter:** Ganztägige Radtour
- **Ausgangs- und Endpunkt:** St. Margarethen im Lungau
- **Weglänge:** 32 km
- **Gesamtdauer:** 6 h
- **Höhenunterschied:** 100 hm
- **Besonderheit:** Besonders schöner Abschnitt auf dem Mur-Radweg

Der Sage nach ist der Schwarzenberg ein großes Goldlager. Wie jede Legende, so beruht auch diese auf einem Quäntchen Wahrheit. Nicht nur in der Mur wurde früher Gold gewaschen, auch am östlichen Leonhardsberg muss Gold gewonnen worden sein, zumindest weist das sogenannte Goldbrünnlein darauf hin. Das Plateau des Schwarzenbergs hingegen besteht aus einer sehr differenzierten Moorlandschaft auf einer Höhe zwischen 1580 und 1730 Metern: Das Areal von 270 Hektar umfasst insgesamt 14 Moore, die nach der Ramsar-Konvention geschützt sind. Dabei wechseln sich Regenmoore, Latschenhochmoore und Quellmoorkomplexe ab. Die Ramsar-Konvention ist nach einer Stadt im Iran benannt, in der 1971 der Schutz von Feuchtgebieten als Lebensraum für Wasser- und Watvögel beschlossen wurde. Die Konvention gilt als eines der ältesten internationalen Vertragswerke zum Umweltschutz. Am Südhang des Schwarzenbergs zwischen Madling und Thomatal liegt der Krameterhof der Familie Holzer, wo auf 45 Hektar Landwirtschaft nach den Grundsätzen der Permakultur betrieben wird. Darunter ist eine natürliche Form der Landwirtschaft zu verstehen, die auf den Kreisläufen und Wechselwirkungen der Natur aufbaut.

Weil Radtouren an einem Fluss besonders attraktiv sind, bietet sich die Umrundung des Schwarzenbergs mit dem Fahrrad wie von selbst an. Noch dazu, da der Weg um den Schwarzenberg zu vier Fünftel am Wasser entlang führt. Zwei Drittel des Weges werden auf dem Mur-Radweg zurückgelegt werden, ein Drittel führt über die Landesstraße entlang des Thomabaches.

Wir starten mit der Radtour in St. Margarethen vor dem Platz mit dem Wasserstein, biegen dann gleich bei der ersten Möglichkeit links ab und fahren in nördlicher Richtung bis zur Mur, wo wir auf den gut ausgeschilderten Mur-Radweg stoßen. Auf diesem bleiben wir für längere Zeit und fahren zuerst in nordöstlicher Richtung über Unternberg und Neggerndorf bis Tamsweg, wo wir auf dem Leonhardsberg die bekannte

Wallfahrtskirche St. Leonhard sehen. An der Haltestelle der Murtalbahn vorbei gelangen wir in südlicher Richtung auf einen der schönsten Streckenabschnitte des Mur-Radweges. Neben der Mur haben außer dem Radweg nur noch die Geleise der Schmalspurbahn Platz. Auf der linken Seite zieht sich der Rücken des Lasabergs entlang, rechts sind es die Abhänge des Schwarzenbergs. Bis zur Ortschaft Madling, wo der Thomabach in die Mur fließt, geht es immer leicht abwärts.

Von Madling geht es anschließend auf der nicht allzu stark befahrenen Landstraße durch das landschaftlich sehr reizvolle Thomatal. Im Sommer blühen neben der Straße satt und prächtig Lupinien in allen Farben. wie es anscheinend nur noch im Lungau der Fall ist. Nach etwa der halben Strecke von Madling nach St. Margarethen liegt der kleine Ort Thomatal, weit über die Grenzen hinaus bekannt geworden durch den Pfarrer Valentin Pfeifenberger, ein Lungauer Original. Jedenfalls einen Besuch wert ist die kleine Wallfahrtskirche, vor der auch ein Denkmal zur Erinnerung an den Seelsorger steht. Doch Vorsicht: Wird die Kirchentür innen zu heftig ins Schloss gezogen, kann es vorkommen, dass sie sich verriegelt und nicht mehr geöffnet werden kann. Dann hilft nur noch lautes Rufen. Über Gruben und Pichlern geht es auf der letzten Etappe nach St. Margarethen zurück.

Finstergrün und Silbermine

Ort mit großer Vergangenheit

- **Tourcharakter:** Halbtageswanderung
- **Ausgangs- und Endpunkt:** Ramingstein
- **Weglänge:** 5 km
- **Gesamtdauer:** 3,5 h
- **Höhenunterschied:** 400 hm
- **Besonderheit:** Schaustollen

Ramingstein, im Südosten des Bezirks an den Grenzen zur Steiermark und zu Kärnten gelegen, ist die einzige Lungauer Gemeinde, die unterhalb von 1000 Meter Seehöhe liegt und deshalb von der steirischen Seite, der Mur entlang, leicht zu erreichen war. Diese verwundbare topografische Situation fand in der Grenzsicherungsstrategie des entstehenden Fürsterzbistums Salzburg rasch Berücksichtigung, denn bereits im ausgehenden 11. Jahrhundert wurde eine Grenzfeste errichtet. Die erste urkundliche Erwähnung geht auf das Jahr 1138 zurück. Als in Ramingstein zu Beginn des 15. Jahrhunderts mit dem Abbau von Silber und Blei begonnen wurde, zogen der Bergverweser, er entsprach dem leitenden Beamten einer Grube, und das Bergbaugericht in die Burg ein. Der Aufbau dieser Verwaltung wurde notwendig, weil schon kurz nach Beginn des Abbaus ein großer Zustrom von Knappen auch aus anderen europäischen Ländern einsetzte. Zumindest in den ersten 150 Jahren war die Ausbeute für damalige Verhältnisse ergiebig und Ramingstein wurde für eine Epoche sogar zum größten Bergbaugebiet in den Alpenländern. 1597 war das Jahr mit dem größten Ertrag, es konnten 628 Kilogramm Silber gewonnen werden. Der Abbau von Blei hatte dagegen eine geringe Bedeutung. Der in Ramingstein gewonnene silberhältige Bleiglanz wurde zu Silber und Blei geschmolzen. Am Ende des 18. Jahrhunderts kam es wie fast in allen Bergbaugebieten des Erzbistums zur Schließung, da sich der Abbau aufgrund geringerer Fördermengen und größerer Konkurrenz in Übersee nicht mehr rentierte. Teile des ehemaligen Silberbergwerks wurden zu einem Schaubergwerk umfunktioniert. Die Burg Finstergrün, auf der anderen Seite der Mur, brannte 1841 im Zuge eines gewaltigen Waldbrands bis auf die Grundmauern nieder. Margit und Sándor Szápáry erwarben die Ruine auf Vermittlung ihres Freundes Hans Nepomuk Wilczek, Eigentümer von Schloss Moosham, und bauten die Burg neu auf.

Wir beginnen unsere Halbtageswanderung an der Nordseite der Kirche von Ramingstein, von wo ein schmaler Steig ziemlich steil zur Burg Finstergrün hinaufführt. Die Grabstätte der

Familie Szápáry kann nordöstlich der Kirche besichtigt werden und ist eines von nur zwei Gräbern auf dem Kirchenareal, denn der eigentliche Friedhof befindet sich auf der anderen Seite des Tals. Die Burg ist für Besucher zugänglich und einige Räume können besichtigt werden. Sie gehört seit Jahrzehnten der Evangelischen Kirche, die auf dem weitflächigen Areal ein „Ereignis- und Freizeithaus" eingerichtet hat. Wir verlassen die Burg in südwestlicher Richtung auf einer schmalen Asphaltstraße, die uns in den Ort hinunterführt. An der Bundesstraße halten wir uns rechts und überqueren nach ein paar Hundert Metern die Mur. Danach gehen wir ein Stück des Mur-Radweges entlang, bis wir auf den Asphaltweg zum Bergwerk abbiegen. Die steile Abkürzung durch den Wald geht schon etwas früher linkerhand ab. Für den Besuch des Schaustollens ist gutes und festes Schuhwerk Voraussetzung. Für Kleinkinder und Personen mit Gebrechen ist ein Besuch des Stollens nicht geeignet. Führung werden ab fünf Personen nach telefonischer Anmeldung unter 0676/7022369 oder 06474/2296 angeboten.

38

Kendlbruck und Maria Hollenstein

Zwischen Hochöfen und Votivtafeln

- **Tourcharakter:** Nachmittagsausflug
- **Ausgangs- und Endpunkt:** Kendlbruck
- **Weglänge:** 6 km
- **Gesamtdauer:** 2 h
- **Höhenunterschied:** 100 hm
- **Besonderheit:** Industriearchitektur aus dem 18. Jahrhundert

Für einen kurzen Ausflug in die Geschichte des Lungauer Bergbaus bietet sich die eineinhalbstündige Wanderung in den Mühlbachgraben an. Dieser zieht sich südlich von Kendlbruck, einer zu Ramingstein gehörenden Ortschaft kurz vor der Landesgrenze zur Steiermark, in das Nockgebiet. Imposant ragen die beiden Türme im Mühlbachgraben bei Kendlbruck in die Höhe. Sie sind die Überbleibsel einer kleinen Industrieanlage zur Eisenerzgewinnung und darüber hinaus wertvolle, erhalten gebliebene Zeugen der alpenländischen Eisenverhüttung. Der 1768 erstmals angeblasene Floßofen ist 20 Meter hoch und die kaminartige Esse mit zwei Gewölben misst 19 Meter. Die montanhistorisch überaus interessante Anlage wurde zwar 1972 instand gesetzt, scheint seither aber eher in Vergessenheit geraten zu sein.

Etwas oberhalb der Schmelzhüttenanlage liegt die kleine Wallfahrtskirche Maria Hollenstein. Sie wurde 1748 geweiht, 1952/53 durch den heutigen Turm erweitert und ist nach wie vor ein beliebtes Wallfahrtsziel. So ziehen die Kendlbrucker am 13. eines jeden Monats mit Kerzen in den Mühlbachgraben, um zu Maria zu beten. Den Namen hat die Kirche von einem Stein unweit der ursprünglichen Holzkapelle, in den durch eine Quelle laufend Wasser nachsickert, dem eine heilende Wirkung auf Augen nachgesagt wird.

Der Rundweg beginnt bei einem originalgetreu nachgebauten Pochwerk in Kendlbruck und führt über die Körblerstraße in den Mühlbachgraben, wo man nach einer guten halben Stunde bei den Hochöfen ankommt und von dort nach ein paar hundert Metern links zum Kirchsteig abbiegt. Der weitgehend unberührte, idyllisch anmutende Graben lädt zu einer weiteren Wanderung ein, denn außer dem Bächlein kommt einem über weite Strecken nichts entgegen. Egal, wie weit man nach dem Besuch der Kirche noch in den Graben wandert, in jedem Fall geht es auf demselben Weg zurück.

Margit Gräfin Szápáry

Als die Comtesse Margarete Luise Laura Fanny Wanda Regina Henckel von Donnersmarck am 21. Februar 1871 in Dresden geboren wurde und 1900 durch Heirat zur Gräfin Szápáry wurde, war es keinesfalls vorhersehbar, welch eine wichtige soziale Rolle sie einst für den Lungau verkörpern würde. Wir erinnern uns: 1880, der Bergbau war längst eingestellt, wurde der Lungau als ärmste Region Österreichs beschrieben. Es fehlte an allem, besonders an Geld, aber auch an sozialer Infrastruktur und am Know-how in Fragen richtiger und gesunder Ernährung sowie eines effektiven Gartenbaus. Als in Ramingstein das Budget für den Schulbau nicht aufgebracht werden konnte, legten die Verantwortlichen in der Gemeinde fest, dass der fehlende Betrag von der Gräfin zu leisten sei. Dass der Lungau 1911 an das öffentliche Telefonnetz angeschlossen wurde, ist ebenfalls der Gräfin zu verdanken, die dafür umgerechnet 59.000 Euro als Kaution hinterlegte. Nach folgenschweren Brandkatastrophen in Lessach und St. Andrä stellte Margit Szápáry erhebliche Geldmittel zur Verfügung und kümmerte sich um die betroffenen Familien. Mochte dieses vor allem finanzielle Engagement noch dem karitativen Selbstverständnis vermögender und privilegierter Familien geschuldet sein, weisen ihr volksbildnerischer Einsatz und ihre Vortragstätigkeit auf eine außergewöhnliche Frau hin, die in schwierigen Zeiten und unter ungünstigen Bedingungen die eigenen Ansprüche hintanstellte, um der Not leidenden Lungauer Bevölkerung nachhaltig zu helfen. Sie hielt Vorträge und Kochkurse und organisierte die Verteilung von Lebensmitteln an die Lungauer Bevölkerung. Im Auftrag der Salzburger Landesregierung forcierte sie einen verstärkten Getreide- und Gemüseanbau und engagierte einen Gärtner aus Südtirol, um die Erträge zu steigern. Margit Szápáry initiierte und unterstützte die sogenannte Liebesgaben-Aktion im Lungau, küm-

merte sich um Witwen, Waisen und Kriegsinvalide, war für die Flüchtlingsverwaltung zuständig und wurde in die Landesfürsorge-Kommission berufen. Die Liebesgaben-Aktion wurde während des Ersten Weltkriegs eingeführt, und von 1915 bis 1917 wurden im Rahmen dieser Aktion von Frauen und Mädchen Nahrungsmittel, Tabakwaren und Geld für die Soldaten an der Front gesammelt, gekauft und gespendet. Auch Kleidungsstücke wurden eigens für die Soldaten angefertigt. Dass

Margit Gräfin Szápáry

in Tamsweg der erste Zweigverein der Katholischen Frauenorganisation (KFO), der Vorgängerorganisation der Katholischen Frauenbewegung, begründet wurde, war nicht zuletzt auch ihrem Engagement zu verdanken. Für ihr Wirken wurde die kluge Gräfin neben anderen Auszeichnungen 1934 mit dem Goldenen Ehrenzeichen für Verdienste um die Republik Österreich ausgezeichnet. Unter den Gratulanten waren auch der damalige Salzburger Landeshauptmann Franz Rehrl und Erzbischof Sigismund von Waitz.

Versetzen wir uns ins ausgehende 19. Jahrhundert und begleiten wir die Comtesse, die aus einer der damals vermögendsten deutschen Familien stammte, und den k. u. k. Kämmerer und Rittmeister Sándor Graf Szápáry de Szápár an die österreichische Riviera, genauer in den mondänen Badeort Opatija oder Abazzia in der Kvarner Bucht auf der Halbinsel Istrien, wo sie sich im Mai 1900 verlobten. Hier verbrachte man erholsame

Wochen am Meer und pflegte gesellschaftliches Leben mit luftigeren Vorzeichen als in den übervölkerten Metropolen. Europa war in der Stimmung des Fin de Siècle, als die beiden im Sommer desselben Jahres auf dem Familiensitz in Oberschlesien heirateten. Einer der Trauzeugen war Hans Nepomuk Graf Wilczek, Schlossherr auf Moosham und mit Sándor befreundet. Er war es auch, der das frisch vermählte Paar auf die Burg Finstergrün aufmerksam machte, die 1841 infolge eines verheerenden Waldbrandes rund um Ramingstein bis auf die Grundmauern abgebrannt war. Noch waren die Verhältnisse günstig, das Paar erwarb neben anderen Immobilien und einer Jagd in Göriach die Ruine und begann mit dem großzügigen Neubau. Doch das Glück war nur von kurzer Dauer. 1904 starb Sándor Szápáry völlig unerwartet während einer Reise nach Pressburg; die Kinder Bela und Jolanta waren zu diesem Zeitpunkt drei und zwei Jahre alt. 1908 starben auch noch Margits Eltern und zehn Jahre nach dem Tod ihres Mannes brach der Erste Weltkrieg aus. Margit Szápáry investierte in großem Umfang in Kriegsanleihen und verlor den Großteil ihres Geldvermögens. In den späten 1920er-Jahren begann sie daher mit Vermietungen auf der Burg. Während der NS-Zeit kam sie auf Betreiben von Hermann Göring – obwohl sich beide aus der Jugendzeit kannten – wegen Kreditschulden in große Bedrängnis, und 1941, ein Jahrhundert nach der Brandkatastrophe in Ramingstein, musste sie den Großteil der wertvollen Einrichtung im Münchner Auktionshaus Weinmüller verkaufen. Ab 1942 verpachtete sie die Burg an das Reichsministerium für Wissenschaft, Erziehung und Volksbildung, das eine Ausbildungsstätte für Lehrerinnen einrichtete. Margit Szápáry starb am 17. Mai 1943 im Prem-Haus, unweit der Burg. 1972 erwarb die Evangelische Jugend Österreich die Burg und baute sie zu einem Erlebnis- und Freizeithaus aus.

In bester Nachbarschaft

Obertauern
Gamsspitzl
2340
1738
Wildsee
Jägersee
Kleinarlbach
Tauerntunnel
Permuthwand
2479
Faulkogel
2654
Mosermandl
2680
Blausee
Radstädter Tauern
Zaunersee
Tappenkarsee
Hochfeind
2687
Fuchssee
Riedingtal
Wald
Hub
Gries
Krw.
Bruckdorf
Anger
Marislbach
Dorf
Zederhaus
ZEDERHAUS
Maut
Posegg
Weißeck
2711
Riedingsee
Mühlbachsee
Steinsee
2563
Pleißnitzkogel
2536
Brettstein
Gritschbühel
Finstergrube
Tafern
Ruden
Käfergries
A10
Murtörl
2260
Frischinghöhe
2466
Mur-
ursprung
2475
Grießenspitze
2504
(1936)
Großeck
2427
Ut.-
-Schwarzsee
Ob.-
Karwassersee
Rotgülden
Jedl
Unterm Fall
Muhr
Obere Au
Untere Au
Hemerach
Krw.
Kölnbreinspitze
2934
Ut.-
-Rotgüldensee
Ob.-
Silbereck
2810
Kölnbrein-
speicher
(1933)
Galgenbichl-
speicher
Krw.
3076
Großer Hafner
Lanischseen
Schellga
Lieser
Pöllatal
Katschberg
2481
Kareck
(1390)
Ödenlanischsee
Gr. Sonnblick
3030
Gr.-
Kl.-
Melniksee
Schober
2967
Grenze Nationalpark Hohe Tauern
Maltatal
Hochalmkees
3360
Hochalmspitze
Hochalmseen
Schmiednock
2616
Reitereck
2790
Maut
Malta
Brandstatt
Stubeck
2370
Gößgraben
Gößfälle
Gößbach
Walkerfall
Koschach
1707
0 1 2 km
Burgruine Weidegg
1848
Ecken
Wildpark
Feistritz
Maltaberg
Stubeck

Am Rand der Hohen Tauern

Das Murtal verbindet die Hohen Tauern, die Welt der Dreitausender, mit dem Lungau. Es grenzt im Westen an den Pongau und im Süden an Kärnten. An die Nordseite des Tales stoßen die südlichen Ausläufer der Radstädter Tauern. Demnach bildet das Murtal die Trennlinie zwischen Hohen und Niederen Tauern. Auf der Fahrt durch das Tal wie auf den Wanderungen verstärkt sich rasch der Eindruck, dass hier die Natur das Sagen hat und nicht so sehr der Mensch. Ein Blick in die Statistik belegt diesen Befund. Auf 115 Quadratkilometern leben aktuell 570 Menschen, das bedeutet eine Einwohnerdichte von fünf Menschen pro Quadratkilometer – Verhältnisse wie in Kanada oder Sibirien, wenn vielleicht auch etwas lieblicher, wofür vor allem die üppigen Blumenteppiche auf den Bergwiesen sorgen. Diese Blütenpracht erscheint deshalb so intensiv, weil im Lungau aufgrund der besonderen klimatischen Verhältnisse – der Frühling beginnt spät und ist sehr kurz – viele Blumen gleichzeitig blühen. Das garantiert eine hohe Qualität des Honigs und ermöglichen es, dass die Prangstangen auch nach dreihundert Jahren noch immer mit zigtausenden Blüten von Margeriten, Enzian, Kohlröschen, Frauenmantel und einigen anderen geschmückt werden können. Dass die Prozession mit den berühmten Prangstangen (vgl. Seite 180ff) am Peter-und-Paul Tag, dem 29. Juni, selbst in Kriegszeiten stattgefunden hat, als kaum junge Männer zum Tragen der Stangen verfügbar waren, erzählt viel über die Menschen und das Leben in den Lungauer Tälern. Vor allem aber darüber, dass ein sehr starkes Traditionsbewusstsein vorhanden ist, das sich kaum durch Einflüsse von außen untergraben lässt.

Übermäßig groß ist er nicht, der Lungauer Anteil am Nationalpark Hohe Tauern, und die Erweiterung bis Muhr hat auch erst Anfang der 1990er-Jahre stattgefunden. Aber das Gebiet um den Großen Hafner, mit 3076 Meter der östlichste Dreitausender in den Hohen Tauern, präsentiert sich als imposante Hochgebirgskulisse mit ebenso tiefen wie funkelnden Bergseen. Neben dem Oberen und Unteren Rotgüldensee, die durch einen kleinen Wasserfall miteinander verbunden sind, zählen vor allem die beiden Schwarzseen und der idyllisch liegende, türkisgrün strahlende Karwassersee, zu dem ein fast verschwiegener Steig durch eine bizarr anmutende „Tauern-Urwelt" führt, zur Garde der insgesamt 60 Lungauer Bergseen.

Weithin wenig im Bewusstsein ist, dass die Mur, der zweitlängste Fluss Österreichs, im Nationalpark Hohe Tauern entspringt, und zwar unterhalb des Murtörls, das den Übergang in den Pongau markiert. Die topografische Lage des obersten Murtals ermöglicht es, dass der Mur-Radweg schon ab der auf 1752 Meter liegenden Sticklerhütte beginnen kann. Von dort geht es etwa 350 Kilometer bis Bad Radkersburg an der österreichisch-slowenischen Grenze fast nur bergab. Der Höhenunterschied auf dieser Strecke beträgt immerhin über 1500 Meter.

Auf der Fahrt von Muhr taleinwärts fällt dem Besucher ein Wegweiser zum Kraftwerk Hintermuhr auf, auch ein Parkplatz ist angelegt, aber es ist kein Kraftwerk zu sehen, denn es wurde in den Berg hineingebaut. Es ist das bislang einzige Kavernenkraftwerk im Land Salzburg und gilt als Musterbeispiel für den Kraftwerksbau in landschaftlich sensiblen Gebieten. Das Pumpspeicherkraftwerk wird aus dem Unteren Rotgüldensee gespeist, in den das Wasser nachts wieder hinaufgepumpt wird. Da die Energiegewinnung im Zeitalter der Nachhaltigkeit verstärkt auf die Wasserkraft zurückgreifen wird, kann auf Vorzeigeprojekte wie auf das in Hintermuhr gar nicht oft genug hingewiesen werden.

Von der Arsenhütte zum Mur-Ursprung

Im Quellgebiet der Mur

- **Tourcharakter:** Tagestour
- **Ausgangs- und Endpunkt:** Parkplatz Arsenhütte
- **Weglänge:** 11 km
- **Gesamtdauer:** 5 h mit Besichtigungen
- **Höhenunterschied:** 530 hm
- **Besonderheit:** Neben dem Weg sprudelt die junge Mur

Die Mur – nach der Donau Österreichs zweitlängster Fluss – entspringt in den Ausläufern des Nationalparks Hohe Tauern auf einer Höhe von 1898 Meter und mündet bei Legrad an der ungarisch-kroatischen Grenze auf einer Höhe von 130 Metern in die Drau. Die Strecke zwischen Ursprung und Mündung ist 453 Kilometer lang und weist einen Höhenunterschied von

1768 Meter auf. Etwas mehr als ein Drittel des gesamten Höhenunterschieds überwindet die Mur bereits auf ihren ersten Kilometern.

Unsere Tageswanderung beginnt am Parkplatz Arsenhütte in Hintermuhr. Links vom Informationskiosk des Nationalparks Hohe Tauern führt der Weg zu den Rotgüldenseen, rechts davon zweigt der Weg zur Stickler Hütte und weiter zum Mur-Ursprung ab. Wir passieren den Schranken, der den Weg als Mautstraße kennzeichnet. Alternativ zum Fußmarsch kann die Strecke bis zum Parkplatz Muritzen auch mit dem Auto zurückgelegt werden, was eine knappe Gehstunde einspart. Vor allem im Frühsommer sollte darauf aber verzichtet werden, denn auf diesem Weg zum Mur-Ursprung möchte man auf das rauschende Tosen der Mur als ständigen Wegbegleiter keinesfalls verzichten. Die ersten eineinhalb Kilometer vom Schranken der Mautstraße geht es etwas steiler hinauf. Hat man diese Ouvertüre überwunden, liegt nichts als ein angenehmer Spaziergang vor einem.

Wir kommen am Parkplatz Muritzen vorbei und halten uns rechts. Nach etwa zehn Minuten sehen wir die Muritzen-Kapelle, die links am Wegrand steht. Dort zweigt ein Pfad zum Almdorf Muritzen ab, der im Weiteren zum Karwassersee führt. Wir bleiben auf dem Weg Nr. 740, schauen abwechselnd zur heftig gurgelnden und tosenden Mur hinunter und dann wieder zu den Flanken und Graten der Hohen und Niederen Tauern hinauf, denn das Murtal markiert die Grenze zwischen diesen beiden gewaltigen Gebirgszügen. Nach insgesamt zwei Stunden erreichen wir die Stickler Hütte, lassen sie aber erst einmal im wahrsten Sinne des Wortes links liegen und halten uns an den ausgewiesenen Pfad zum Mur-Ursprung. Zu diesem gelangt man auf dem Weg, der zuerst nordwestlich von der Hütte wegführt, und dann in südlicher Richtung durch den Talschluss und an der Alm vorbei durch die sogenannte Schmalzgrube geht. Er endet für uns beim Mur-Ursprung auf 1898 Meter. Der Rückweg entspricht dem Hinweg.

40

Über die Murquelle zur Schmalzscharte

Imposanter Talschluss

- **Tourcharakter:** Zweitagestour
- **Ausgangs- und Endpunkt:** Parkplatz Muritzenalm
- **Weglänge:** 30 km
- **Gesamtdauer:** 7 h mit Besichtigungen
- **Höhenunterschied:** 850 hm
- **Besonderheit:** Übernachten im „Albert Biwak"

Albert Knoop, ein gebürtiger Niederländer, war seinerzeit auf einer Tour um den Großen Hafner in Bergnot geraten und hatte danach mit maßgeblicher finanzieller Unterstützung zum Bau des heute nach ihm benannten „Albert Biwaks" beigetragen. Der kompakte Holzbau mit einer Grundfläche von gut 13 Quadratmetern bietet sieben Schlafplätze in Stockbetten und wurde 1986 von der Sektion Edelweiß des Österreichischen Alpenvereins errichtet. Das Biwak ist stets geöffnet und für jedermann zugänglich, im Winter allerdings extrem lawinengefährdet. Wer wie wir von der Stickler Hütte über die Schmalzgrube zur Schmalzscharte hinaufgeht und auch noch auf einen Sprung bei den beiden Schwarzseen vorbeischauen möchte, für den empfiehlt sich eine Übernachtung im Albert Biwak auf jeden Fall, wobei an ausreichend Proviant zu denken ist.

Tag 1

Wir beginnen unsere Zweitagestour beim Parkplatz Muritzenalm und gehen begleitet vom Rauschen der Mur bis zur Stickler Hütte. Etwas oberhalb der Hütte folgen wir dem Hinweis „Murursprung" und halten uns nach dem Überspringen eines kleinen Bachs links. Wir durchqueren das Talende in der sogenannten Schmalzgrube und kommen dabei beim Ursprung des hier noch kleinen Rinnsals vorbei. Danach steigt der Weg in vielen, eher steilen Serpentinen bis zur Schmalzscharte auf 2444 Meter hin an, wo auch das Biwak steht. Nach einer Verschnaufpause, wir haben immerhin über 800 Höhenmeter und gut 3 Stunden Gehzeit hinter uns, führt uns der Weg noch zu den beiden Schwarzseen. Der obere liegt auf 2339 Meter, der untere auf 2221 Meter und ist knapp 57 Meter tief, was ihn zu einem der tiefsten Seen in den Alpen macht. Ein sehr schöner Platz zum Rasten, Schauen und Staunen.

Tag 2

Am nächsten Tag genießen wir, bevor wir uns auf den Weg zum Murtörl machen, noch einmal den Blick in die Hohen Tauern. Über den Tauernhöhenweg Nr. 702 wandern wir unterhalb der Märchenkarschneid und der Schöderschneid über das Mureck etwa 6 Kilometer zum Murtörl, das auf 2260 Meter an der Grenze zwischen Pongau und Lungau liegt. Auf dem Weg Nr. 724 gehen wir dann vom Murtörl talwärts und stoßen kurz vor einer verfallenen Alm wieder auf den Weg, der uns von der Schmalzgrube zurück zur Stickler Hütte und weiter zum Parkplatz Muritzenalm, unserem Ausgangspunkt, führt.

Zwischen Muritzenalm und Karwassersee

Türkisgrüne Idylle

- **Tourcharakter:** Halbtagestour
- **Ausgangs- und Endpunkt:** Parkplatz Muritzenalm
- **Weglänge:** 7 km
- **Gesamtdauer:** 3 h mit Besichtigungen
- **Höhenunterschied:** 300 hm
- **Besonderheit:** In der Kernzone des Nationalparks Hohe Tauern

Ist vom Karwassersee die Rede, kommen die Leute ins Schwärmen, Einheimische wie Besucher. Der türkisgrüne See liegt in der Kernzone des Lungauer Anteils am Nationalpark Hohe Tauern und ist das ideale Ausflugsziel für all jene, die ohne große

Wanderung ein Highlight der Lungauer Berg- und Seenwelt erleben wollen. Neben der unverwechselbaren Farbe des Wassers hievt ihn selbstverständlich die grandiose Kulisse mit Kölnbreinspitze, Kaltwandspitze und Marchkareck auf die oberste Sprosse der Beliebtheitsskala. Der Weg, der zu ihm führt, macht diese Wanderung ebenfalls zu einem besonderen Erlebnis. Obwohl die Route durch diese Tauern-Urlandschaft über größeres und kleineres Gestein nur an wenigen Punkten markiert ist, kann man sie doch nicht verfehlen, hat man den sprudelnden und trudelnden Bach doch stets auf der rechten Seite.

Wir beginnen mit dieser spannenden Halbtagestour beim Parkplatz Muritzenalm auf 1565 Meter, der über die Mautstraße von Hintermuhr aus zu erreichen ist. Von dort aus gehen wir in westlicher Richtung, bis wir nach ein paar Hundert Metern zur Muritzenkapelle, einer unter Denkmalschutz stehenden und aus groben Steinen gebauten Kirche, kommen, die auch wegen ihres Glockenturms in Erinnerung bleibt. Bei der Kapelle biegen wir nach links ab, jedoch nicht, ohne vorher einen Blick auf die Kandelaberfichte geworfen zu haben. Dieses Naturdenkmal steht etwa 200 Meter westlich der Kapelle. Auffällig ist die charakteristische Wuchsform dieser 100 Jahre alten und rund 20 Meter hohen Fichte: Ihr Stamm verzweigt sich in zwei Metern Höhe in mehr als zehn Einzelstämme, einem vielarmigen Kandelaber vergleichbar.

Wir marschieren an den Alm- und Jagdhütten vorbei und verlassen die Lichtung auf einem steilen Weg in südwestlicher Richtung, immer den Muritzenbach entlang. Anschließend geht's durch einen lichten Lärchenwald auf einem ebenso steinigen wie moosigen Pfad weiter. Wenn wir den Abfluss des Sees, der einen kleinen Wasserfall bildet, passiert haben, sind wir bald auf der letzten Etappe, die auf fast flachem Weg bis zum See führt. Auf einem kleinen Steig wandern wir bis zum hinteren Teil des Sees, tauchen die Füße ins erfrischend kühle Nass und genießen die versteckte See-Idylle inmitten des imposanten Kessels. Der Rückweg entspricht dem Hinweg.

Von Muhr zur Sticklerhütte

Wo der Mur-Radweg beginnt

- **Tourcharakter:** Radtour
- **Ausgangs- und Endpunkt:** Muhr
- **Weglänge:** 32 km
- **Gesamtdauer:** 6 h
- **Höhenunterschied:** 650 hm
- **Besonderheit:** Bis zu 20 Prozent Steigung

Der Mur-Radweg zählt landschaftlich zu den schönsten Radwegen Österreichs. Vor allem auch deshalb, weil er die Mur bereits ab einer Höhe von 1752 Meter begleitet. Nur knapp 150 Höhenmeter muss sie von ihrem Ursprung bis zur Stickler Hütte, dem Beginn des Mur-Radweges, alleine zurücklegen. Die ständig wechselnden Landschaften vom beinahe hochalpin anmutenden Ausgangspunkt über die saftigen Wiesen unten im Tal bis letztlich zum sich fast schon südländisch gebenden Zielpunkt an der österreich-slowenischen Grenze in Bad Radkersburg sind auch für den strampelnden Radfahrer eine motivierende Bereicherung. Von den insgesamt 1500 Höhenmetern zwischen der Sticklerhütte und Bad Radkersburg werden allein auf dem hier beschriebenen Abschnitt zwischen dem Ausgangspunkt und der Ortschaft Muhr über 600 absolviert.
Wir starten unsere ehrgeizige Tour, die entweder mit einem Mountainbike oder mit einem E-Bike gefahren werden kann, in Muhr, dem Hauptort des Murtales. Das Ortsende von Muhr

ist taleinwärts zugleich das Ende der Landesstraße, was für Radfahrer jedoch keine Relevanz hat. Auf einer asphaltierten Straße geht es die ersten Kilometer an Höfen und üppig blühenden Sommerwiesen vorbei, bis wir eine Geländestufe erreichen, an der zwei Kehren eingebaut sind und wo auf der Südseite des Tales der Murfall rauscht. Anschließend kommen wir zum Öllschützenspeicher, der Ende der 1940er-Jahre errichtet wurde, um die Leistungskapazität des Murfall-Kraftwerks zu optimieren. Auch der weitere Streckenabschnitt bis zur Arsenhütte, die auf 1341 Meter liegt, gilt sozusagen noch als Auftakt zu dieser Tour. Spürbar anstrengender wird dann der nächste Abschnitt, der von der Arsenhütte über die Mautstraße bis zur Muritzenalm führt. Diese schmale, asphaltierte Straße ist zwar eine Mautstraße, aber als Zubringer zum Parkplatz bei der Muritzenalm doch relativ stark frequentiert. Die Schmalzgrube, so heißt dieser Talabschnitt, lässt bereits erahnen, dass es immer tiefer in die Hohen Tauern beziehungsweise in die Ausläufer der Radstädter Tauern, die sich auf der Nordseite erstrecken, geht. Hier richtet sich die Konzentration auf die Bewegung und nicht so sehr auf das Schauen und Staunen wegen der imposanten Bergwelt auf beiden Seiten des Tales. Die Mur gibt diesem Radweg nicht nur den Namen, sie ist auch eine verlässliche Begleiterin, deren Rauschen durchaus motivierend wirkt.

Am Parkplatz Muritzenalm fahren wir rechts vorbei, ebenso an der denkmalgeschützten Muritzenkapelle mit dem für die Gegend eigentümlichen Glockenturm, der an eine griechische Bergkapelle erinnert. Auch der letzte große Abschnitt bis zur Stickler Hütte auf 1752 Meter ist eine gut befestigte Straße, auf der vereinzelt auch Autos unterwegs sind. Nach einer ausgedehnten Erholungspause starten wir die Rückfahrt beim offiziellen Start des Mur-Radweges nahe der Stickler Hütte.

43

Zu den Rotgüldenseen

Gut getarnter Stausee

- **Tourcharakter:** Tagestour
- **Ausgangs- und Endpunkt:** Parkplatz Arsenhütte
- **Weglänge:** 12 km
- **Gesamtdauer:** 5 h
- **Höhenunterschied:** 650 hm
- **Besonderheit:** Wasserfall zwischen zwei Seen

Die Gegend um die Rotgüldenseen war ab dem 14. Jahrhundert bekannt für den Abbau von Gold, Silber, Kupfer und vor allem auch Arsen, das in Form des rot und gold schimmernden Erzes, „Arsenkies" genannt, der Gegend höchstwahrscheinlich auch den Namen gegeben hat. Arsen ist jenes chemische Element, das selten in reiner Form auftritt, hochgiftig ist, aber in entsprechender Dosierung wahre Wunder bewirken kann. Seit der Antike galt es als Heilmittel gegen Fieber, Migräne, Rheumatismus, Malaria, Tuberkulose und Diabetes. Im 18. Jahrhundert machte die Fowlersche Lösung, eine Mischung aus Kaliumarsenit und Lavendelwasser, als Fiebersenker, Heilwasser und Aphrodisiakum Furore. Hierzulande wurde mit dieser Lösung bis in die 1960er-Jahre versucht, die Schuppenflechte zu behandeln. Dass Arsen bis ins ausgehende 18. Jahrhundert als Erbschleichergift galt, ist ebenso belegt wie seine Funktion als Stärkungs- und Aufputschmittel. Pferdehändler verabreichten es, um den Tieren zu besserem Appetit und glänzendem Fell zu verhelfen und wurden dadurch zu „Rosstäuschern", Frauen frischten mit Arsen den Teint auf, und den Männern galt es als Anabolikum und Aphrodisiakum, und das nicht nur, weil es die Attribute kühn und männlich im Wortstamm der griechischen Bezeichnung Arsenikos trägt. Heute wird Arsen in der Halbleiter-Technik verwendet und in der Behandlung bestimmter Leukämieformen eingesetzt. Obwohl der Goldbergbau in Rotgülden bereits zu Beginn der Neuzeit eingestellt wurde, weckt das Edelmetall bei den Inhabern der Schürfrechte immer wieder Begehrlichkeiten, so auch im Herbst 2011, als ein weiteres Mal Probebohrungen unternommen wurden.

Wir starten unsere Tagestour beim Parkplatz Arsenhütte in Hintermuhr und halten uns links vom Informationskiosk des Nationalparks Hohe Tauern. Für den Aufstieg zur Rotgüldensee-Hütte stehen zwei Varianten zur Verfügung. Zum einen führt eine asphaltierte Straße in weiten Kehren hinauf, zum anderen kann der angelegte Lehrpfad sozusagen als Abkürzung genommen werden. In beiden Fällen beginnt es mit einem steilen Anstieg. Auf dem Weg sind mehrere Schautafeln aufgestellt, die uns über die Besonderheit der Gegend, unter anderem auch über den Arsenabbau, informieren. Etwa auf der halben Strecke sieht man linkerhand auch noch einen ehemaligen Stolleneingang, wo bis zum Ende des 19. Jahrhunderts Arsen abgebaut wurde. Der Preisverfall auf dem Weltmarkt durch die großen Arsenvorkommen in Südamerika hat den Abbau schließlich unrentabel gemacht.

Der Untere Rotgüldensee ist Teil des Kraftwerks Hintermuhr und dient als Speichersee, der auch von der Muhr durch eine Leitung von der Stickler Hütte in den See gespeist wird. Wie die gesamte Anlage wurde auch hier auf eine möglichst optimale Integration des Dammes in die umgebende Natur geachtet. Der Weg zum Oberen Rotgüldensee verläuft auf der Nordseite des Sees, westlich der Alpenvereinshütte. Etwa nach der halben Strecke beginnt der Aufstieg. Dabei sind knapp dreihundert Höhenmeter zu überwinden. Was zuerst wie die direkte Bezwingung der Wand ausschaut, entpuppt sich schließlich doch als kurvenreicher Steig, auf dem man die Schritte achtsam setzen muss, vor allem wenn es nicht ganz trocken ist. Der Blick vom oberen zum unteren See entschädigt jedoch sofort für jegliche Mühe. Zwischen dem Hafner, dem östlichsten Dreitausender der Hohen Tauern und dem Mosermandl am Nordende des Riedingtales zeigt das Panorama alles, was der Lungau in diesem Winkel zu bieten hat. Der Abstieg bis zur Hütte entspricht der Anstiegsroute. Vom unteren See bis zur Arsenhütte stehen wieder alternativ der markierte Lehrpfad oder die Straße zur Verfügung.

Öllschützen hin und zurück

Speichersee, Troadkästen und alte Getreidesorten

- **Tourcharakter:** Halbtagestour
- **Ausgangs- und Endpunkt:** Muhr
- **Weglänge:** 6 km
- **Gesamtdauer:** 3,5 h
- **Höhenunterschied:** 250 hm
- **Besonderheit:** Lungauer Kulturlandschaft vom Feinsten

Wofür ein stummes „h" alles gut sein kann. Im Fall der kleinen Nationalparkgemeinde Muhr hat es sogar eine Identität stiftende Funktion übernommen. Das für die Dehnung des Vokals eingefügte „h" sollte einen Unterschied zwischen dem Namen des Flusses und dem des Dorfes herstellen. Wobei sich die Differenzierung ohnedies nur in der Schreibweise zum Ausdruck bringen lässt, denn das „u" in Mur wird ebenfalls als lang gezogener Vokal gesprochen. Bekannt ist Muhr wie Zederhaus für die Prangstangen, die am 29. Juni, dem Peter-und-Paul-Tag, in feierlicher Prozession durch den Ort getragen werden. Noch mehr Bekanntheit erlangte Muhr, als der Nationalpark Hohe Tauern Anfang der 1990er-Jahre ausgeweitet wurde und Muhr zu einer Nationalparkgemeinde geworden war. Der Abwanderung konnte das keinen Riegel vorschieben, „aber andere Gemeinden haben auch ihre Sorgen", heißt es dazu aus der Stube des Bürgermeisters. Während eines Ausflugs auf dem Muhr-Rundweg lässt sich der Ort und seine Umgebung am besten erkunden.

Wir starten die Wanderung vor der Kirche, in der die Prangstangen vom 29. Juni bis zum 15. August, dem Fest Mariä Himmelfahrt, aufgestellt sind. Von der Kirche spazieren wir zur Landesstraße hinunter, überqueren diese sowie die junge Mur und folgen den Schildern mit dem Hinweis „Großer Muhrrundweg". So kommen wir zuerst beim Pfeifenberger-Hof und später beim Grießner-Bauern vorbei, wobei es meist leicht aufwärts geht. Zum Ensemble des Grießner-Bauern gehört einer der schönsten Troadkästen des Lungaus, jene gemauerten Vorratsspeicher, die österreichweit in dieser Form sonst nirgends zu finden sind und ein wenig an die steinernen Vorratskästen (Horreos) im spanischen Galicien erinnern. Dort stehen die Vorratskästen allerdings wie Sarkophage auf vier Beinen in der Landschaft. Weil die hölzernen Vorgänger weder dem Feuer noch den lästigen Nagetieren standhalten konnten, wurden sie ab dem Ende des 16. Jahrhunderts, als friulanische Maurer und Handwerker vermehrt durch den Lungau in die Städte nördlich der Alpen zogen, aus Stein gebaut, verputzt, weiß gestrichen

und an den Ecken verziert. War die Rustika-Malerei ursprünglich nur in Schwarz gehalten – als Farbstoff dienten Ruß oder Kohle – kamen mit der Zeit andere Farbtöne wie Oxyd-Rot oder Ocker dazu. Die Gewinnung dieser Farben stand in einem engen Zusammenhang mit dem Bergbau, weil das Oxyd-Rot neben Ziegelmehl auch aus Eisenrost bestand, und die Ockerfarbe aus Eisenoxyd gewonnen wurde. In späterer Zeit kamen noch die Farben Grün und Blau dazu. Unter Rustika-Malerei ist jene Fassadenmalerei zu verstehen, bei der an den Kanten der Gebäude Eckquader, bei den Fenstern Umrahmungen und zwischen den Stockwerken Bänder aufgemalt werden. Der Zusammenhang mit dem Bergbau stellt sich aber auch über die Gewerken her, die ihre Häuser in dieser Form schmückten und damit Wohlstand signalisierten. Die Gewerkenhäuser in Mauterndorf gelten dafür als besonderes Beispiel. Um der Rustika-Malerei einen plastischen Charakter zu verleihen, wurden die Ornamente mit einer Kelle etwa einen Millimeter tief eingeritzt. In den Troadkästen wurde vor allem das Saatgut für das nächste Jahr gelagert; neben Speck und sogar Geld kamen auch Leinenballen und Wolle zur Aufbewahrung hinein.

Vom Grießner-Bauern geht es weiter in nordwestlicher Richtung, wo wir nach etwa einem halben Kilometer zu einer Geländestufe kommen und die Straße in zwei Kehren bis zu einem Gasthof geführt wird. Nach weiteren 500 Metern liegt auf der linken Seite der Straße, auf die wir vom Wanderweg einbiegen, der Öllschützenspeicher. Er wurde errichtet, um die Leistung des Kraftwerks Murfall, das zur Kraftwerksgruppe Lungau gehört, optimal an den Stromverbrauch anzupassen. Wir wandern bis zum nordwestlichen Ende des Sees und an seiner Südseite zurück. Nach etwa einem Kilometer kommen wir zur Ortschaft Reit, die vom Murfall dominiert wird. Danach geht's abwechselnd einmal links und einmal rechts der Mur entlang zurück bis in den Ort Muhr. Abschließend schauen wir noch beim sogenannten Frumentarium vorbei, wo auf der Altwirtswiese alte und spezielle klimabewährte Getreidesorten angebaut werden.

Kraftwerksweg

Technik und Natur im Dialog

- **Tourcharakter:** Ganztägige kombinierte Rad- und Fußwanderung
- **Ausgangs- und Endpunkt:** Kraftwerk Hintermuhr
- **Weglänge:** 15 km
- **Gesamtdauer:** 6 h
- **Höhenunterschied:** 600 hm
- **Besonderheit:** Ein Kraftwerk im Berginneren

Die verheerende Naturkatastrophe, die im März 2011 den Nordosten Japans verwüstete und knapp 20.000 Menschen den Tod brachte, hat mit der Zerstörung des Kernkraftwerks Fukushima und dem daraus resultierenden Supergau eine verschärfte Diskussion um die Atomenergie in Gang gebracht. In Deutschland hat die Diskussion sogar zum stufenweisen Atomausstieg und zu einer neuen Bewertung der Energiewirtschaft geführt, was auf europäischer Ebene durchaus noch Schule machen kann. Jedenfalls rückt erneuerbare Energie und mit ihr die Wasserkraft dadurch verstärkt ins Zentrum unserer Energieversorgung. Aber wie ist der Ausbau von Wasserkraftwerken mit dem Schutzgedanken der Umwelt unter einen Hut zu bringen? Wer auf diese Frage Antworten möglichst anschaulich vermittelt bekommen möchte, kommt nicht umhin, einen Ausflug nach Muhr zu unternehmen, wo in Hintermuhr 1991 das erste Kavernenkraftwerk im Bundesland Salzburg in Betrieb ging, das mittlerweile um eine Pumpspeicheranlage erweitert wurde. Alle wesentlichen Anlagen wie Krafthaus, Wasserüberleitung, Druckstollen sowie die Schalt- und Umspannanlage wurden dabei im Berg untergebracht. Aber nicht nur das. Der aufgeforstete Schutzwald dient dem Lawinenschutz, so wie der Stausee Rotgülden Schutz bei Hochwasser bietet. Eine der Umweltschutz-Auflagen bestand darin, für den Bewuchs der talseitigen Dammböschung auf den Bewuchs aus dem Staubereich zurückzugreifen, um eine möglichst naturnahe Gestaltung zu gewährleisten. Zur Kraftwerksgruppe Lungau der Salzburg AG zählen neben dem Pumpspeicherkraftwerk Hintermuhr das 1922 erstmals in Betrieb gegangene Kraftwerk Murfall, das Kraftwerk Rotgülden sowie das Kraftwerk Zederhaus. Insgesamt werden jährlich 110 Millionen Kilowattstunden Strom erzeugt, womit die Versorgung des Lungaus selbst bei großräumigen Störungen gewährleistet ist. Mit diesen 110 Millionen Kilowattstunden wird im obersten Murtal ein Siebtel der Strommenge produziert, die die Kraftwerksgruppe Glockner-Kaprun jährlich ins Netz speist, wobei die baulichen Einschnitte unverhältnismäßig geringer ausfallen.

Wir beginnen mit dieser Tagestour, die wir teils mit dem Fahrrad und teils zu Fuß zurücklegen, beim Speicherkraftwerk Hintermuhr, wo wir im Rahmen einer zweistündigen Führung nicht nur Einblicke in die Besonderheiten eines Kavernenkraftwerks geboten bekommen, sondern auch die stärkste Turbine, die derzeit im Land Salzburg im Einsatz ist, sehen. Aus der Unterwelt der Stromerzeugung ans Tageslicht zurückgekehrt, fahren wir auf dem Mur-Radweg taleinwärts zum Öllschützenspeicher und erinnern uns an all die historischen und technischen Daten über das Kraftwerk Murfall, wofür der Öllschützenspeicher 1949 zur Optimierung der Produktion errichtet wurde. Mittlerweile arbeitet der erweiterte Speicher, der aktuell ein Fassungsvermögen von 150.000 Kubikmeter hat, als Teil des neuen Pumpspeicherkraftwerks und ist mit dem Rotgüldenspeicher verbunden. Dass es sich um einen Speichersee handelt, nimmt der Besucher erst auf den zweiten Blick wahr. Anschließend radeln wir weiter taleinwärts, bis wir zur Arsenhütte kommen, wo sich der Weg gabelt. Wir halten uns beim Informationskiosk des Nationalparks Hohe Tauern links und folgen der Beschilderung des Lehrpfads (vgl. Tour 43, S. 170) Beim See oben angekommen, staunen wir ein weiteres Mal, wie wenig von der Staumauer und anderen technischen Einrichtungen zu sehen ist. Zurück nehmen wir die Aufschließungsstraße und radeln auf dem Mur-Radweg bis zum Kavernenkraftwerk zurück.

Ein Blumenmeer als Gelübde

In den Wochen vor dem 29. Juni, dem Hochfest von Peter und Paul, wie es im katholischen Kirchenkalender heißt, gibt es in Muhr nur ein Thema: die Prangstangen. Das Tragen dieser Blumensäulen soll auf ein Gelübde im Anschluss an eine Heuschreckenplage, die sich vor etwa 300 Jahren zugetragen hat, zurückgehen. Da es keine schriftlichen Aufzeichnungen gibt, kann über das Ereignis nur spekuliert werden. Möglich wäre auch, dass die Prangstangen neben dem Samson ein weiteres Überbleibsel der barock-opulenten Schauumzüge der Kapuziner-Mönche sind, die abgehalten wurden, um der Bevölkerung in gegenreformatorischer Absicht Geschichten und Themen aus der Bibel, und damit den katholischen Glauben, wieder näherzubringen. Die Verwüstung einer Landschaft und der Ernte durch Heuschreckenschwärme ist eine der zehn biblischen Plagen. Es erscheint nicht als ausgeschlossen, dass die Prangstangen im Sinne einer präventiven Maßnahme durch den Ort getragen werden. Jedenfalls findet die Prozession seit etwa 300 Jahren statt, und selbst in Kriegszeiten wurde an dem Gelübde festgehalten. Offensichtlich muss es sich um eine ernsthafte Bedrohung oder um die Angst davor gehandelt haben, denn der Aufwand bei den Prangstangen ist riesengroß, wobei sich dieses Attribut gar nicht so sehr an der Länge der Prangstangen bemisst. Vielmehr geht es um den gehörigen Aufwand des Sammelns und Bindens der Blumen und Blüten. Angeblich sollen die Heuschrecken nur die Blüten der Margeriten verschont haben. Deshalb machen sie auch den Hauptanteil der Girlanden aus. Neben Muhr werden nur noch im benachbarten Zederhaustal Prangstangen dieser Art geschmückt und in feierlicher Prozession durch den Ort getragen. Ein gewichtiger organisatorischer Unterschied besteht jedoch. Während in Muhr die Verantwortung für das Erfüllen des Gelübdes traditionell bei einigen wenigen Bauernfamilien

Die Prangstangen von Muhr

liegt, sind es in Zederhaus die jungen Männer, die sich ihrerseits Familien suchen, die für den Blumenschmuck sorgen. Tragen dürfen die Prangstangen sowohl in Muhr als auch in Zederhaus nur junge, unverheiratete Männer, die keinerlei Alimentationsverpflichtungen haben. Und dass dieses Gebot auch eingehalten wird, darauf achten die jungen Männer schon von sich aus, heißt es in der Gemeindestube. Zwei bis drei Wochen vor dem großen Tag schwirren die Hauptschüler auf die Wiesen und Hänge der Umgebung aus, um mit Körben voller Blumen und Blüten zurückzukehren. Neben unendlich vielen Margeriten sind Enzian, Kohlröschen, Frauenmantel, Arnika, Wundklee und Pechnelke besonders gefragt. Aus den Gärten kommen dann noch die Blüten der Pfingstrosen dazu. Weil darunter auch streng geschützte Pflanzen sind, wurde im Landesnaturschutzgesetz eine Ausnahmeregelung festgeschrieben.

Für eine Stange, die etwa sechs Meter lang ist, werden sage und schreibe an die 60.000 Blüten verarbeitet. Zuerst müssen die Blüten und von den Pfingstrosen die Blütenblätter ausgezupft werden, danach werden sie mit

Hanf auf Grasstängel aufgewickelt. Man darf sich das durchaus wie „Fließbandarbeit" vorstellen, wobei den Beteiligten der Ausdruck „gesellschaftliche Teamarbeit" besser gefällt. Bis die Blütenbündel auf einer Holzstange festgenagelt sind, haben zehn Personen drei Tage zu tun. Am engsten müssen dabei der „Roacher", die Person, die die Blütenbündel zureicht, und der „Wickler", der sie mit Nägeln auf der Holzstange befestigt, zusammenarbeiten. Nach einer feierlichen Prozession durch den Ort werden die Stangen in die Kirche getragen und in die an der Außenseite der Bänke angebrachten Halterungen gesteckt. Dort bleiben sie bis zum 15. August, dem katholischen Feiertag Mariä Himmelfahrt, stehen. Danach werden die getrockneten Blüten, das „Krautlach", abgenommen und bis Weihnachten aufbewahrt. Wenn in den Raunächten, es handelt sich dabei in der Region um den Heiligen Abend, um Silvester und den Vorabend des Dreikönigstags, mit der Rauchpfanne durchs Haus gegangen wird, befinden sich in ihr auch Büschel der getrockneten Blüten. Da es sich auch um Heilpflanzen, wie zum Beispiel Arnika oder Frauenmantel, handelt, wird dem Räuchern eine präventive Heilwirkung zugesprochen und für die Blüten schließt sich der Verwendungskreis.

Obwohl die Stangen bis zu 80 Kilogramm schwer sein können, ist es noch zu keinen gröberen Unfällen gekommen, zumindest ist in den Chroniken nichts Entsprechendes vermerkt. Jeder Träger hat einen Aufpasser an seiner Seite, der beim Anheben und Abstellen der Stangen behilflich ist. Sollte eine Stange einmal zu Boden gehen, wird schnell gehandelt. Das Ornamentum oder der „Boatzen", die Zirbenbaumspitze, wird wieder an der Stangenspitze befestigt und ohne großes Aufsehen erhebt sie sich rasch wieder über die Köpfe der Festgemeinde.

Abschnitte der Weitwander-, Pilger- und Radwege im Lungau

■ WEITWANDERWEGE

Arnoweg Der Arnoweg führt an den Grenzen des heutigen Bundeslandes Salzburg entlang. Im Rupertiwinkel sowie im Gebiet des Großglockners und des Sonnblicks verlässt er jeweils kurz Salzburger Boden. Die längste Variante des Weges, der über weite Strecken auf bereits vorhandenen Routen geführt wird, misst 1200 Kilometer. Der Arnoweg wurde anlässlich des 1200-jährigen Jubiläums, das die Erzdiözese Salzburg 1998 feierte, eröffnet. Anlass des Jubiläums war die Erhebung von Bischof Arno zum Erzbischof, die im Jahr 798 auf Weisung Kaiser Karls des Großen erfolgte.

In den Lungau führt der Arnoweg über das Murtörl, einen alten Übergang vom Pongau in den Lungau. Vorbei am Mur-Ursprung verläuft der Weg im Weiteren über Schrovinscharte und Rotgüldensee nach Muhr, wo er den Nationalpark Hohe Tauern verlässt und in südlicher Richtung auf die Katschberghöhe zustrebt. Weiter geht es in östlicher Richtung über die Kämme der Nockberge entlang der Grenze zwischen Salzburg und Kärnten. Den nächsten Abschnitt bildet die Strecke von Ramingstein über die Ortschaft Keusching nach Tamsweg. Von dort führt er zunächst weiter ins Lessachtal. Über die Wildbachhütte läuft der Weg vom Lessachtal ins Göriachtal. Vorbei am Almdorf geht es auf dem letzten Abschnitt hinauf zu den Landawirseen und von dort in den Pongau auf die nördliche Seite der Schladminger Tauern.

Lungauer Kulturwanderweg

Der Lungauer Kulturwanderweg führt in allen 15 Gemeinden des Bezirks zu den jeweils kulturhistorisch bedeutsamen Plätzen, Bauten und Denkmälern. Darüber hinaus wird auch auf die Verbindungswege zu den jeweiligen Nachbargemeinden verwiesen. So kann, unabhängig davon, in welcher Gemeinde begonnen wird, der gesamte Lungau abschnittweise nach und nach durchwandert werden.

■ PILGERWEGE

Leonhardsweg Der Weg wurde 2008 ins Leben gerufen. Die Tradition der Wallfahrten nach St. Leonhard lebendig zu erhalten, ist ein wichtiges Ziel der Arbeit der 1990 wieder begründeten Erzbruderschaft an der Wallfahrtskirche St. Leonhard zu Tamsweg, die auch den Pilgerweg initiiert hat.

Der Pilgerweg beginnt in der Stadt Salzburg und führt über Bad Vigaun, Annaberg, Filzmoos und Forstau auf den Oberhüttensattel in den Schladminger Tauern. Auf der Tauern-Südseite geht es durch das Weißpriachtal entlang der Longa nach Weißpriach. Von dort führt der Weg über Mariapfarr in die Ortschaft Mörtelsdorf, die zu Tamsweg gehört, und schließlich nach Überquerung der Mur auf den Vorhügel des Schwarzenbergs, wo die spätgotische Wallfahrtskirche St. Leonhard steht.

Donau-Alpen-Adria-Radpilgerweg

Dieser Radpilgerweg entstand im Jahre 2003 auf Anregung des Großgmainer Pfarrers Herbert J. Schmatzberger. Er verbindet wichtige Orte der Marienverehrung im Großraum Donau – Alpen – Adria. Auf der Gesamtstrecke von insgesamt 580 Kilometern liegen viele wichtige Stationen der Marienverehrung im Bundesland Salzburg wie Maria Bühel, Großgmain, Altenmarkt und Mariapfarr, die Mutterkirche des Lungaus.

In den Lungau führt der Radweg über den Radstädter Tauernpass. Von Mauterndorf geht es in östlicher Richtung weiter nach Mariapfarr und über Tamsweg nach Bundschuh und Schönfeld. Über Innerkrems kommt man dann zum Anschluss an den Drauweg und über Spittal und Villach weiter nach Italien.

■ **RADWEGE**

Muhr-Radweg

Der Mur-Radweg wird als einer der abwechslungsreichsten Radwege innerhalb Österreichs geschätzt. Ausschlaggebend dafür ist, dass er die Mur fast von der Quelle an begleitet. Jedenfalls liegt der offizielle Start auf einer Höhe von 1752 Metern. Nach 465 Kilometern endet er in Bad Radkersburg an der österreichisch-slowenischen Grenze.

Der Lungauer Abschnitt führt von der Stickler Hütte im hinteren Murtal über Muhr nach St. Michael und Unternberg und weiter über Tamsweg nach Ramingstein, wo die Mur nach der Ortschaft Kendlbruck Salzburger Boden verlässt.

Liebe Leserin! Lieber Leser!

Gefällt Ihnen dieses Buch? Ergänzungsvorschläge, Wünsche und Kritik nimmt der Verlag gerne entgegen.

Wenn Sie sich für die weiteren Bände interessieren, können Sie diese auch schon im Voraus unter 0662 87 35 07-56 oder buch@spv-verlage.at bestellen. Sie erhalten das Buch sofort nach Erscheinen.

Band 1: Flachgau (erschienen 2010)
Band 2: Pinzgau (erschienen 2011)
Band 4: Pongau (Frühling 2012)
Band 5: Tennengau (Herbst 2012)

Abkürzungen

hm .... Höhenmeter
h .... Stunden
🚲 ....Radwanderung
🔍 ....Spezialtipp in der Region

Clemens M. Hutter

WANDERATLAS
Salzburg – Berchtesgaden

336 Seiten
durchgehend farbige
Abbildungen und Karten
11,5 x 18 cm, französische Broschur
EUR 19,95
ISBN 978-3-7025-0619-3

✔ **425 Routen**
✔ **136 Wanderkarten**
✔ **24 Themengruppen**
✔ **Farbleitsystem**
✔ **Raum für persönliche Notizen**

Unglaublich, welche Vielfalt an Wander- und Ausflugsmöglichkeiten sich dem Naturliebhaber auftut, der mit wachen Sinnen die Heimat erkundet. Almen und Bergseen, Höhenwege und Klammen, Grasberge, Lehrpfade, Wasserfälle und eine Reihe einfacher Dreitausender – 425 Touren umfasst das beeindruckende Angebot.

Thematisch geordnete Routen erleichtern die Auswahl. Gleichgültig, ob man allein aufbrechen will, mit Freunden oder der ganzen Familie: Im neuen Wanderatlas Salzburg – Berchtesgaden ist garantiert für jeden Geschmack das Passende dabei. Ein übersichtliches Farbleitsystem erleichtert die Suche, 136 Karten weisen den Weg.

Clemens M. Hutter, Thomas Neuhold

SKITOURENATLAS
Salzburg – Berchtesgaden

336 Seiten
durchgehend farbige
Abbildungen und Karten
11,5 x 18 cm, französische Broschur
EUR 19,95
ISBN 978-3-7025-0619-3

Der „Skitourenatlas Salzburg-Berchtesgaden" ist der Nachfolger des Bestsellers „Skitouren in und um Salzburg", der in sechs Auflagen erschienen ist.

Clemens M. Hutter hat den Text völlig überarbeitet und vor allem Platz für 100 Neutouren geschaffen, die der angesehene Ski-Alpinist Thomas Neuhold als Co-Autor beigesteuert hat. Das Erfolgsrezept bleibt unverändert: Das Angebot von rund 520 Routen deckt den möglichen Bedarf von „Anfängern" genauso wie den von anspruchsvollen Hochalpinisten. Ebenso erhalten bleibt das Prinzip, von einem Standort aus mehrere Alternativen anzubieten, damit je nach Wetter, Lust und Kondition die Wahl getroffen werden kann.

Tourengeher sind für ihr Verhalten in alpinem Gelände ausschließlich selbst verantwortlich. Deshalb ist es den beiden Autoren ein großes Anliegen, die Kenntnis alpiner Gefahren zu fördern – besonders durch die Einführung in die Lawinenkunde. Denn wer eine Gefahr und ihre Ursachen kennt, kann ihr ausweichen und teils lebensbedrohliche Risiken vermeiden.